20代〜30代前半のための

# 転職 書類

受かる

書き方

キャリアカウンセラー 中谷充宏

JN094028

「転職活動ってエネルギーいるしなぁ」
「エージェントに登録する Web フォーム、
　ボリューム多すぎて折れる」

という人、多いかもしれません。

「たいした実績ないし、ムリだろうな」
「部下いないし、昇進も遅いほうかも」
「メンタル休職したことあるし…」

…大丈夫、チャンスはあります。

いま、若い世代の転職に強烈な追い風が吹いています。
「**未経験歓迎**」も増えています。

企業は、若い世代に「ものすごい実績」は求めていません。
どのくらい**ポテンシャル**があるかを、
見ようとしています。

自慢できる実績がなくても、
「売り」は必ず作れます。

SNSにはSNSの、
合コンには合コンのルールやコツがあるように、
「書類」にも、

## 「事実だとしても、それを言ったら損するだけ」
## 「同じことでも、こう伝えるとササる」

というツボがあります。

むずかしく考えることはありません。

「ここさえ押さえれば」というポイントを
クリアすれば良いのです。

# Prologue

「成功転職」の絶好のチャンスが続いています。

ご存じのように、人手不足が背景にあります。

今の転職市場は、就職・転職に苦労した氷河期、超氷河期世代には考えられないくらいの活況です。

特に**20代〜30代前半の若い世代の転職に、強烈な追い風が吹いています。**

20代はもちろん、30代でも応募が可能な「未経験歓迎求人」も増えてきました。

とはいえ、やはり人気企業やホワイト企業は競争過多です。こういう会社は書類選考があります。

「この忙しいのに、こんなにいろいろ書けないよ！　あれこれ考えずフツーに事実だけ書くんじゃダメ？」

「少々盛ってもバレなきゃいいでしょ？　真正直に書いて面接に進めないんじゃ意味ないんだから」

「何を書いたら高評価で、何はよろしくないかとか、いちいち気を遣って忖度しながら書くなんてムリ！」

という若手にたくさん会ってきました。

というより、こう考えている人が多数派かもしれません。

たしかに、いま主流になっている、転職サイトや転職エージェントの「Webフォーム」は、1つの項目に2,000文字も書けるスペースがあります。

本文でくわしく説明しますが、実は**2,000文字も書かなくてかまいません。むしろ2,000文字も書くと多すぎます。**

しかし、いざ若手が転職へのファーストアクションとして転職サイト・転職

エージェントに登録しようとすると、いきなりこういう広大なスペースが次々に立ちはだかり、すっかり心が折れてしまうのです。

　「こんな大変そうなの、いちいちマジメにやれないよ。チャチャッとスペース埋めればいいでしょ」
　となってしまうのは、ある意味で当然かもしれません。

　しかし、書類選考を突破しないと面接には進めません。
　私が見たところ、応募者の9割は対策ゼロで、まさに「コピペを駆使してチャチャッと埋めた」書類（Webフォーム）を登録し、あえなく失敗しています。
　ちょっと工夫したり、採用人事が何を知りたがっているかさえ知っておけば、さほど手間なく良い内容にできるのに、です。
　実にもったいない話です。

　転職の「書類」は、作文審査ではありません。流麗な文章は要りません。
　また、企業は若手に「ものすごい実績」を求めているわけではありません（ミドル世代に対しては別です）。
　コツがあるのです。

　たとえば、良い転職エージェントの、優れたキャリアアドバイザーに味方になってもらうためのポイントがあります。
　また、避けては通れない「転職（退職）理由」。応募書類を読む採用人事に、「これならやむをえないね」と納得されるか、「これはいかがなものかな」とネガティブに評価されるかの分岐点がどこにあるかを知っておくと、書き方がまったく変わってきます。
　さらに、大変そうに見える「職務経歴書」。これを押さえておけば良いという「4項目」があります。むずかしく考えすぎず、一つずつつぶしていけばOKです。

本書では、Webフォームや履歴書など、必要な書類それぞれについて、「この方法で作ればOK」というポイントを解説しました。
　**この本でお伝えするポイントをふまえていただくだけで、一つずつ着実に、採用人事にササるものが仕上がるはずです。**

　すごい実績がなくても、未経験でも、ネガティブ要素があったとしても、
「この人は伸びそうだ」
「ウチで活躍してくれるのでは？」
　と思わせる書き方があります。それを、この本で徹底的に紹介しました。
　営業、経理、総務、ＳＥなど、職種別にもポイントを示してあります。
　必ず、ご自身に合った書き方が見つかるはずです。

　それでは、「成功転職」を勝ち取るための書類作成を、ご一緒にスタートしましょう！

中谷充宏

# contents

## 転職サイト・エージェント 登録前の「11の掟」
### ―最新トレンドと「Webフォーム」の要点―

Part 1

## ネガティブ要素は「先回りフォロー」でクリア！
### ―「面接に呼ぼう」と思わせるリカバリーの秘訣―

Part 2

# 転職サイト・エージェント登録前の「11の掟」

——最新トレンドと「Webフォーム」の要点——

## Part1

20代〜30代前半のための
転職「書類」
受かる書き方

UP! 1 「成功転職」が どんどん身近に!

## コロナ禍で、ダイナミックな変化が

コロナ禍は、私たちの社会や生活を一変させました。

たとえば、会社に一度も出社しないフルリモート勤務が浸透してきています。こうした会社では、コロナ禍以前には実際に会って面接していた工程が、すべて**オンライン面接**に置き換わっています。

一度もリアルで会わず採用が決まり、一度もリアルで会わず仕事をするケースが出てきているということです。

こうなると、いま住んでいる地域を離れたくない人が、引っ越さずに働けるわけです。コロナ禍以前では考えられないことです。

また、コロナ禍により業績悪化や倒産件数も増えたため、転職せざるをえない状況に追い込まれた人もたくさんいます。

コロナ禍に向き合う中で、生き方や**働き方**を見つめ直し、転職を決めた人もたくさんいます。

総じていうと、特に若手の転職は、今よりもさらに「普通のこと」としてとらえられ、転職しやすい環境がより整備されていくのは必至です。

そうした中で考えなければならないのは、より自分に合った仕事や会社を見つけ、できれば処遇もアップさせる「成功転職」を実現することです。

本書では、そのための「応募書類の書き方」を説明していきます。

## 「若手転職」のトレンド推移

20年近く転職支援に携わってきましたが、さまざまな変化がありました。

今の若者世代には信じられないかもしれませんが、昔は、在学中に就活が決まらずに卒業した人は、新卒市場ではなく「転職市場」で就職を決めなければなりませんでした。

わかりやすく今に例えて言えば、「リクナビ202X」、「マイナビ202X」といった就活サイトは使えず、「リクナビＮＥＸＴ」や「マイナビ転職」といった転職サイトしか使えない、ということです。

何のスキルも経験もない学卒者がいきなり転職市場で戦う。どう考えても無理がありますよね？

そうした批判もあって「第２新卒」という言葉が生まれ、「既卒無職」や「留学から帰国した人」といった、既存のレールとは違う道を歩む人も救済されるようになりました。

特に今は、慢性的な人手不足です。多種多様な採用方法、雇用形態が認められるようになっています。そのため、たとえば**新卒入社した会社を短期で退職しても早々に次が決まる**といったことが起きています。

## 政府も転職を後押し

年功序列、終身雇用といった日本独特の雇用形態は、いまやグローバル化の波に押されて崩れつつあります。

その一方で、欧米で主流の**ジョブ型雇用**（その道の専門家として任された仕事を遂行する雇用）が普及しつつあります。

ＯＥＣＤ加盟38カ国中27位という日本の生産性の低さ（2021年の調査による）は、広く知られています。

背景には終身雇用の影響もあります。他に活躍の場があるのに今いる会社に留まってしまうため、社会全体で見ると「適材適所」が機能していないのです。

今までは「転職に失敗すると、次はもっと不利になる」という面があり、転職するデメリットも大きかったのですが、政府も転職を促すしくみを検討し始めています（失業保険をもらいやすくするため待機期間を短縮する、退職金の税優遇の見直しをするなど）。

今後は、**転職はなんら珍しいことではなく、当たり前のこととなっていくでしょう。欧米並みに近づいていく**と予測されます。

# 「自己分析」の沼に ハマる人、次に進める人

## 若手といえども甘さは通用しない

転職に追い風が吹き続けているとお話ししました。

とはいえ誰もが（同じ仕事、同じ勤務形態で）前職と比べて給与大幅アップを勝ち取れるわけでは、もちろんありません。

ネットで流布している情報を鵜呑みにして、「自分もいけるのでは？」と、安易に考えてしまう人は少なくありません。

会社から見ると、転職者を採用するのは、即戦力として活躍してほしいからに他なりません。

その活躍が期待できない人なんてそもそも採用しないし、仮に入社できたとしても期待した活躍ができなければ勤務継続は難しくなります。

確かにミドル、ベテラン世代と比べると、初々しさ、甘さは許容されることもあります。とはいえ一人前の社会人ですから、決して転職活動をナメてかからないことです。

## 「ダンドリ」が9割

転職は相手のあることですから、運や縁が影響することもあります。

たとえば急募の会社があり、タイミング良く応募したら即採用されたといったケースもあります。

応募書類をきちんと作成せず、面接対策も全くしなかったのに意中の会社に決まったというケースも、あるにはあります。

こうしたケースには、いわゆるラッキー、たまたま幸運だったという側面がついて回るため再現性がありません。

真似したとしても、うまくいく可能性は残念ながらないと考えてください。

たとえば、ある資格試験に挑戦するとなったら、日々地道に勉強するでしょ

う。この勉強の質と量が合否を決めるのは自明ですね。

転職も同じです。

正しい方法でしっかりと準備しておく。成功転職を実現するには、これしかありません。

**ネットをはじめ巷には誤った情報があふれています。正しい準備をしなくてはいけません。**本書ではその方法を解説していきます。

## ⚡ 若手がハマる「自己分析」のワナ

就活時代に「自己分析」をしたことがある人は多いでしょう。

ただ、この「自己分析」は、転職活動ではうまく機能しないことが多いのです。そのため筆者は否定的です。

繰り返しになりますが、転職活動は相手のあることで、相手の求めるものにマッチするかが最重要ポイントの一つです。

ところがこの「自己分析」を深く追究すると、自分本位が強くなりすぎ、たとえば「俺ってこういうの苦手なんだよ」、「こういうの向いていないって出たんだよね」といったことに判断基準を置きがちになるのです。

就活をしていた頃は勤務経験、社会人経験はゼロで、真っ白なキャンバスと同じですから、己を知るための「自己分析」は有益でしょう。

しかし若手といえども転職は別です。

**「自分って一体、何が向いていて、合っているのか、わからなくなった」と、迷路にハマってしまう人が少なくありません。**

**「自己分析」に費やす時間があるなら、「業界研究」、「企業研究」に使う方が得策です。**

「やるな」とは言いませんが、くれぐれもやりすぎには注意してください。

# 良い「転職エージェント」が見つかるググり方

## 🐟 リクルートエージェント、ビズリーチなど

　転職しようかな、と考えたら、まず何から始めれば良いでしょうか? **Indeed**や**リクナビNEXT**のような「転職サイト」で、とりあえず自分に合いそうな求人を探してみるのも「あり」ですが、転職への本気度が高いなら、まずは「**転職エージェント**」への登録をお勧めします。

　転職エージェントとは何か、ピンとこない人もいるでしょう。

　登録すると、担当 (キャリアアドバイザー) が一人つきます。担当となったキャリアアドバイザーが、求人情報の提供や面接の調整、年俸交渉まで、転職全般をサポートしてくれるというサービスです。代表的なものとして**リクルートエージェント**や**ビズリーチ**があります。

　一方、既述のリクナビNEXTといった「転職サイト」は、たくさんの会社から求人広告を集めて掲載しているサービス。利用者は、必要情報を登録した後に、自ら (掲載されている求人に) 応募していくというものです。

　今は転職エージェントと転職サイトの双方が登録情報を共有するなど、乗合いしていることもあり、境目や違いがわかりにくくなっていますが、まず両者の特徴を理解しておきましょう。

## 🐟 「私じゃムリかな」はもったいない!

　転職エージェントは、転職希望者は原則**無料**で使えます。至れり尽くせりのサービスと言えます。

　ただ、**誰でも利用できるものではない**のが最大の難点です。

　というのも、このサービスは、転職希望者の採用が決まった場合、求人を出した企業から想定年収の30%前後を、転職エージェントが手数料としてもらうしくみで成り立っています。

たとえば年収400万円であなたの採用が決まったら、約120万円の手数料が動きます。

それなりに高額なので、会社が対価を支払う価値があると認める「売れる人材」しか取り扱わないのがセオリーです。

ただし、**若手だと「未経験でもＯＫ」という求人を扱っている場合もあります。「私なんて、アプローチしてもどうせダメだろう」と自己判断せず、まずは登録から始めましょう。**

## ❺ できるだけ多数に登録を

まず、自分に合った転職エージェントを探すことから始めます。

前述の**リクルートエージェント**など、ありとあらゆる求人を取り扱う「総合デパート型」、会計人材に特化した「**ＭＳ　Ａｇｅｎｔ**」など「専門特化型」のように、転職エージェントごとに特徴があります。

とはいえ、転職の専門家ではない皆さんが、そのカテゴリーの違いを十二分に理解する必要はありません。要は、自分に合った求人を紹介してもらえるエージェントにたどりつけばいいのです。

実は、これはググれば簡単に見つかります。

たとえば、

・「**職種**」との組み合わせ
　「営業　転職エージェント」、「経理　転職エージェント」など
・「**地域**」との組み合わせ
　「大阪　転職エージェント」、「名古屋　転職エージェント」など
・「**年代**」との組み合わせ
　「20代　転職エージェント」、「30代　転職エージェント」など

**遊び感覚で組み合わせてみてググってみてください。**

自分に合いそうなところが複数見つかったら、チャネルの多さは成功転職の実現に大きく関わってきますので、**可能な限り多くに**登録してください。

# 担当キャリアアドバイザーに利用されない付き合い方

## 🎣 登録できなかったら？

転職エージェントに登録できると、エージェントから求人を紹介されます。

たとえば「A商事に打診しますので、キャリアシートを9月15日までに提出してください」といったように指示してきます。それに従って進めていくことになります。

一方で、複数のエージェントにアプローチするも門前払いが続いた場合は、あなたは転職エージェントが取り扱うべき人材ではないということです。

厳しいですが、この現実をしっかりと受け止めた上で、公開求人に応募していく作戦に切り替えましょう。

なお、高額の報酬が動くこともあって、登録希望者の数％しか登録できないところもたくさんあります。個人情報の問題もあり、「今すぐは売れないが将来は有望な人材」であっても、情報をあえて抱え込まないようにしているので、登録できなかったからと言って悲観する必要はありません。

あくまでゴールは、自分に合った会社に転職することです。転職エージェントに登録することではありません。

筆者のクライアントでも、**登録はできなかったが、成功転職できた人はたくさんいらっしゃいます。**

## 🎣 キャリアアドバイザーは天使？

転職エージェントに登録できると、担当のキャリアアドバイザーが付きます。「自分に合った求人を紹介してくれて、面接指導や報酬の交渉までして転職に導いてくれる素晴らしい味方、まるで天使！」と思っている人が多いようです。水を差すつもりはありませんが、これは半分的外れです。

確かにあなたの転職をサポートしてくれますが、彼らの**本質は**「**営業**」と

言っても過言ではありません。求職者と求人企業をマッチングさせないと手数料が入ってきません。

もちろん、**ノルマもあります。**

そのため、あなたの**意向と違う求人を強く勧めてきたり、**

**「このチャンスを逃すと、後はありませんよ」**

と、**圧力をかけてくる人も少なからずいるという実情を知って免疫をつけ**ておきましょう。

## 「担当替え」はレアケース

転職エージェントによりますが、仮に担当とどうも合わない、気に食わないとしても、他の担当に替えてもらえるのはレアケースです。

つまり、付いた担当とうまくやっていくしかないのです。

「でも、私とマッチしそうにない企業を数字欲しさに勧めてきたりするんでしょ?」

と心配になるのは当然です。

とはいえ、担当も基本的にはマッチするところに転職させたいという気持ちで動いています。転職させたけどマッチせずすぐ退職されたというケースばかりになっては評価も下がり食っていけないのですから、ベクトルは同じはずです。

担当には担当の立場もあります。そこを理解しつつ、たとえば**「これは許容できるが、これだけは譲れない」**といった条件面を正確に伝えるといった**良質なコミュニケーションを図っておきましょう。**

それでも行き違いが起きたり不信感が増すなら、他のエージェントにシフトするか、並行して公募にも取り組むことも検討してください。

ネガティブな側面にも触れましたが、彼らは転職支援を事業としている会社なのです。転職に関するノウハウも実績も、そして求人情報も豊富に保有しています。

ぜひ彼らのリソースを最大限に活用できる関係性を築いて、成功転職を勝ち取りましょう。

# 就活とは、書くフォーム、内容が大違い

## 🕐 就活時はどうだった？

　大学で就活を体験した人なら、エントリーシート、履歴書といったものを書き上げたでしょう。

　就活時の応募書類というと、やはりこの2つがメインです。

　エントリーシートは、各社がオリジナルの設問を作成していましたが、リクルートが展開する**OpenES**がリリースされてからは、これを活用する会社が多くなりました。

　OpenESの構成について簡単に解説しましょう。

　氏名や生年月日、住所、学歴、資格、趣味・特技といった個人情報の項目の後に「学業、ゼミ、研究室などで取り組んだ内容」、「自己PR」、「学生時代に最も打ち込んだこと」という項目があります。

　一方、履歴書は大学もしくは会社指定のフォーマットで作ります。

　たとえば某大学の指定履歴書では、OpenESのように個人情報の項目があり、その後に「得意な科目または研究課題」、「学生時代に特に力を注いだこと（クラブ活動・文化活動・ボランティア活動など）」、「自己PR」という項目があります。

## 🕐 転職の書類は「Webレジュメ」が主流

　一方、転職時の応募書類は、**履歴書、職務経歴書**の2つが基本です。

　現在は**Webレジュメ（履歴書、職務経歴書の機能を併せ持ったWeb上のもの）が主流**です。

　これらに加えて、**会社独自の課題やレポート作成**を課される場合もあります。

# ⭕ その違いとは？

　氏名や住所などの個人情報はいずれもほぼ同じですが、就活時は学生時代のこと、転職時は社会人時代のことを書くのがセオリーです。

　たとえば大学を卒業したが就職していないといったいわゆる「就活浪人」の場合、次年度の就活サイトを使うことになります。

　一方、学卒で5年もの社会人経験があれば、学生時代の内容を書くのではなく、社会人時代の内容を書かなくてはいけません。

　社会人時代に大した業績を残せていないからと、職歴内容にあまり触れず、学生時代の輝かしい内容を書く人がいますが、採用人事は実務スキルや経験、実績を把握したいため、的外れになります。

　なお、「**自己PR**」は、就活でも転職でも応募書類の項目として設けられていますが、書き方が違ってきます。

　就活時は、まだ経験も実績もないのでヒューマンスキル（Part5-11参照）しか書けませんが、転職時はその上位のビジネススキル、テクニカルスキルを備えている場合、これらを書きます。

# ⭕ 「第2新卒」はどうすればいい？

　「第2新卒」（学校卒業後に新卒で入社した職場での社会人経験が3年未満）の人で、「第2新卒」専用の転職サイトや会社求人サイト経由で応募する場合は、そのフォーマットや指示に従ってください。

　というのも、たとえば短期退職のために実務経験を考慮しないケースもあれば、「2年半勤務」でも実務経験を考慮するケースもあります。「第2新卒」と一くくりで言っても、2つに分かれるのです。

　就活を経て新卒入社した会社で仕事をしたら、応募書類にはその内容を書くのが原理原則だと考えておいてください。

# 「ポテンシャル」を
# 感じてもらうポイント

## 🎵 未経験でも転職エージェント？

筆者は職業紹介業（転職エージェント）も営んでいます。

同業の共有サイト上に、「**未経験ＯＫ！若手大量募集**」という求人が掲載されることが、最近よくあります。

「売れる人材でないと転職エージェントに取り扱ってもらえない」と書きましたが、人手不足が著しい今、のどから手が出るほど若手社員を欲しがっている会社は数多くあります。そのため、こうした状況になっているわけです。

本来、大量募集する会社側としては、公募で集める方が安くすむはずです。

しかし自社にそういった採用選考体制が整っていない、母集団を集めて選考していく労力をかける余力がないといった背景があります。

ご存知の通り少子化は深刻で、若手を採りたくても採れない会社が多くあるという意味では、**若手の転職には強い追い風が吹いている**と言えます。

## 🎵 「未経験ＯＫ！」とはいえ…

「未経験ＯＫ！」とはいえ、誰でも良いわけではないのはおわかりですよね？

即戦力のミドル、ベテランではなく、あえて未経験の若手を採用するのは、会社側に「若手を自社で一人前に育て上げたい」という思いがあるからです。

もちろん「大量に採用して厳しい競争を勝ち抜ける人だけ残れば良い」というブラックな会社もまだ残っていますが、超人手不足の今、そんなことをやっていたら事業存続に影響が出るため、そういう企業は減少の一途です。

## 🎵 ポテンシャル採用とは？

誰でも良いわけでなければ、一体どういった人なら良いか。やはり「自社できちんと育ってくれるか」、そのポテンシャルが大事になります。

多少経験があったとしても、**若手はこのポテンシャルの比重が高くなります**ので、肝に銘じておいてください。

## 🌀「ポテンシャル」って？

端的に言うと、今はまだ会社の求めるスキルや経験が備わっていなくても、働くうちに習得してくれるであろう潜在能力のことです。

採用選考では、その力を**正確には測れないので、採用人事に感じてもらう**ことになります。

つまり、忍耐強いとか、持続力がある、責任感が強い、といった**ヒューマンスキル**や、その会社や仕事で働きたい**思いの強さ**を全面的にＰＲしていくことになります。

これだと、就活時と似ているように感じる人もいるかもしれませんが、たとえば、

**「入社して初めて、今の会社で私がやりたいことを実現するには最低５年かかることがわかりました。これではそれまでの期間が無駄と考えました。その点、貴社はやりたい仕事にすぐ就けるため、そこに大変魅了されました。入社が叶いましたら、粉骨砕身の思いで頑張ります」**

といったように、社会人経験に基づいた気づきや気持ちの変化などを盛り込むことによって、**就活時とは違う訴求力を増した表現**で伝えることができるのです。

こうしたポテンシャルは、書類選考時に感じてもらわなければいけません。でないと面接に呼ばれないのだから、当然といえば当然です。「面接で言えばいいや」がそもそも成立しない考え方であることがお分かりだと思います。

**応募書類の段階から盛り込んでおかないと、大量採用とはいっても勝ち抜けない**ということです。

# 「未経験」「短期退職」…書き方でフォローできる!

## 🎵 若手ゆえの不安材料

転職しようと思っても、「今辞めると**短期で退職**することになるので、次はなかなか決まらないのでは?」と不安に感じる人は少なくありません。

また、「**経験がない・乏しい**」も同じです。

こうした**ネガティブ要素が一つでもあったら転職できないかというと、そんなことは一切ありません。**

「いや、私は何度も応募しているが、このネガティブ要素のせいで書類選考の段階で落選続き」という人もいます。

そういう人は、たとえば

- ・「実務経験3年以上」という応募条件があるのに未経験で応募するといった、そもそも**ターゲットが合っていない**ケース
- ・応募書類にそうしたネガティブ要素を打ち返す**フォローを入れていない**ケース

であることが大半です。

## 🎵 打破するには?

「ターゲットが合っていない」を避けるには、求人情報を精読し、自分に合っているかどうかを、冷静かつ客観的に判断しなければなりません。

たとえば「実務経験3年以上」が応募の必須条件なら、1年未満では応募資格は満たしていないでしょう。

では2年9カ月ならどうでしょうか? 厳密に言うと「3年以上」ではありませんが、同等の経験ありと見なしてくれる可能性はあります。こうした場合、念のため採用窓口に確認してみてください。

確認の仕方ですが、連絡方法はメールでも電話でもかまいません。

「3年以上の実務経験はないのですが、それに近い2年9カ月の経験はあります。貴社で働きたい思いは人一倍強いので、応募だけでもさせていただけないでしょうか?」

といったように、お伺いを立てます。

OKなら応募を進めるだけ、NGなら他を探すだけです。**NGだからといちいち凹んでいる暇はありません。**

## ♪ 短期離職、どうすれば良い?

Part2で詳細に説明しますが、ネガティブ要素に一切触れないと、採用人事も事由や背景がわからないので、そのままネガティブに捉えざるを得なくなります。

確かにネガティブ要素に触れるには勇気がいるし、そもそもどう書けばいいか分からない人が大半でしょう。

たとえば短期離職の場合、会社が倒産したといったやむを得ない事由ならそのまま書けば良いのですが、問題は自己都合の場合。

わがまま、自己中心、堪え性のない人と見なされてしまうのではないか? という不安がよぎるのは当然で、もちろん採用人事もそのように見ています。

## ♪ ココを必ずフォロー

「採用人事もそう見るなら、どうしようもないのでは?」と思うかもしれませんが、そうではありません。ちゃんとフォローする方法はあります。

つまり、**短期で離職したことについて反省すべき点を反省していることをきちんと伝えつつ、言い訳がましくならないように退職理由に軽く触れておき、最後に今後は短期で離職することなく、安定的に働いて成果を残していきたいという抱負で締めておく**という文書構成です。

こうすることで、採用人事に「それならまあ仕方がないな、面接に呼んでみるか」と思ってもらえれば、成功です。こうした努力もむなしく落選となったら、気持ちを切り替えて次に臨むしかありません。

# 書類と面接の
# 「役割」の違い

## ♪ どちらも重要な選考プロセスだが…

　書類選考と面接選考、どちらも手を抜けない重要な選考プロセスです。

　若手向けの求人には「面接保証」という、応募すれば必ず面接は受けられるものがあります。しかし通常は書類選考を通過しないと面接にはたどりつけません。

　つまり書類選考を突破しないと次はない。よく **「会って話せば、私の良さをわかってもらえるんだけどな」** と言う人がいますが、**そもそも採用人事に会ってもらうまでが大変なのです。**

## ♪ 若手の「書類あるある」

　これは若手だけではありませんが、つい書きすぎてボリューミーなものを送ってしまうケースは多いです。

　「書類はＡ４サイズ1枚にまとめろ！」といったビジネス書が売れているように、**冗長なものはまず読まれない**と思ってください。

　逆に、「社会人経験が短いので書くことが見つからない」と、ボリュームが少ないものを送ってしまうケースも多いです。

　先にふれた「ネガティブ要素をフォローする」という件を含め、書くべき内容を書いていないと、通過率は低下します。

## ♪ 応募書類の「マスト」「ベター」「ＮＧ」

　応募書類は一方通行で、送った後に編集したりフォローできません。

　ＳＮＳだと、発信後に編集・追記・削除するなど事後対応が可能ですが、応募書類はそうはいきません。

　送ったらそれで終わり。やり直しは効きません。だからこそ、送る前に時間

の許す限り見直し、間違いのないものにするよう、精度を高める必要があるのです。

　また、大きく分けると応募書類には、

・**マスト**（書かなくてはいけないこと）
・**ベター**（書いておいた方が良いこと）
・**NG**（書かない方が良いこと）

の3つがあります。

　たとえば短期で離職したからと、職歴を書かないのはダメ。「マスト」です。意図的に書かないと**経歴詐称**となるリスクが出てきます。

　一方、「NG」は、退職理由を「前職上司のパワハラがひどく、『営業成績が振るわないのに、お前よくのうのうと生きていられるな』と暴言を吐かれ、退職を申し出た時も『給与泥棒のまま辞める気か』と〜」など、退職理由を詳細に書いてしまうケースです。

　ご自身の正当性を主張したいのはわかりますが、ここでボリュームを取りすぎるのは得策ではありません。

　「ベター」は、たとえば先述した「ネガティブ要素」のような、採用人事が知りたがる点を**先回りしてフォロー**しておくということです。

## 面接なら許されることもある

　応募書類に誤字・脱字があるとマイナス評価です。しかし面接は双方間のコミュニケーションですから、多少の言い間違いや、いわゆる「噛む」ことがあっても、大勢には影響ありません。

　また、たとえば面接後半に「**一点だけ補足させてください。先ほど〜と申し上げましたが〜**」とやり直しすることも可能です。

　それぞれの特徴を理解した上で、しっかりと準備することが成功転職の鍵です。

# UP! 9 「Webフォーム」を前提に対策しよう

## 膨大に記入できるのが「紙版」との違い

現在の転職活動の本流である、Web上で求人情報を探して会社にエントリーする場合、Webフォームの登録が必須になっています。

Webフォームに入力したことがある人はご存知でしょうが、紙面の応募書類と違って、**項目も量も圧倒的に多い**です。

たとえば、ある大手転職サイトにおける、職歴の「具体的な業務内容」の項目では、「担当業務、役割と実績を具体的に記載してください」とあり、2,000字まで入力できます。

これは応募者の全ての職歴ではなく、1つの勤務先（1社）の情報量です。勤務先が変わる毎に入力します。3社の勤務経験があれば6,000字まで可能ということになります。

参考までに、紙面版の職務経歴書（A4サイズ1枚）は、項目見出しや改行などを無視して文字だけ埋めると、ちょうど1,000字くらいになります。1つの勤務先でこの2倍の量が記入できるのですから、大変なボリュームであることがわかります。

## 入力のハードを下げる改善点も

入力作業で挫折する人が多かったこともあり、ある大手転職サイトでは項目数を減らす、必須項目を限定する（ガイダンス機能など）といった工夫をしています。とはいえ、きちんと入力して完成させないと何も始まりません。

## 記号や改行で読みやすさを！

もう一つの特徴は、紙面の応募書類と違って、表現方法が非常に限定されることです。次のような表現が使えません。

| 表現方法 | 紙面 | Web |
|---|---|---|
| 表、下線、太字 | ○ | × |

この場合、改行やかっこ（＜＞、「」など）、記号（■、・、※、◎、◇など）をフル活用して見やすさ、読みやすさも意識して入力しなければなりません。

せっかくたくさん書いても、文字だけがぎっしり詰まっているのでは、読み手の心理的ハードルをわざわざ上げて読みにくくしているようなものです。

面倒くさがらず、項目ごとの情報量をきちんとキープした上で、適度に記号や改行を盛り込んで見やすく、読みやすくするのが大原則です。

## 見栄えを良くする工夫

1行の長さは全角30〜35文字以内が一般的なWebフォーム上のルールです。これを目安に、適宜改行を入れてください。

実は最も頻出するのが、この改行ミスです。改行する字数を間違えると、次の例のようにおかしな文書になり、読み手に無用なストレスを与えます。

## 最頻出! 改行ミス

〔業務概要〕
主に大阪近郊エリアに納入した自社生産の制御機器の据付、
導入、保守、修理、操作指導業
務に従事。

Webレジュメを、プリントアウトして紙面でチェックする採用人事もいます。
「必要な情報はきちんと書いたから、まぁ大丈夫でしょ」という甘い見通しでは書類選考の通過は難しくなりますので、ここは心してください。

# 「書きすぎ」はNG!
# 400文字が目安

## 🔰 読みやすいのは「400文字」

既述の通り、転職サイト等の職歴欄には、1つの勤務先で2,000文字も書けます。しかしギリギリまで埋める人は皆無でしょう。

とはいえ、仮に在職期間が2年と短くても、「スカスカなのもどうなの?」と悩む人も多いと思います。

適正字数は、在職期間や社内での異動回数などで変わってくるため一概には言えませんが、筆者の経験では、一つの目安は**400文字**です。

採用人事にとっても、読みやすい文字数だからです。

## 🔰 テンプレートとは?

Webレジュメを完成できず途中で挫折する人が多いため、メジャーな転職サイトなどは工夫を施していると、前に触れました。

中でも職種ごとの「**テンプレート**」が用意されているのは、大変心強いでしょう。「テンプレート」とは下記のようなものです。

---

[直近の企業での経験職務]

業種:製造業(XXX系)、雇用形態:契約社員

  └ 在庫管理、XXXX作業(20XX年4月 〜 現在)

  └ 生産管理報告書作成、XXXXX(20XX年4月 〜 20XX年3月)

[ポイント(取り組みと工夫、実績、評価など)]

××年間にわたり、生産効率向上の担当として生産管理全般に携わる。また、新生産管理システムの開発プロジェクトにサブリーダーとして参加し、社内データベースの整理や関係部門との調整を行いプロジェクト推進に貢献。

---

何を書けば良いか、皆目わからない人にとっては、「直近の企業での経験職務」や「ポイント(取り組みと工夫、実績、評価など)」といったように項目が出されていると、大変書きやすいと思います。

ただし、他の転職希望者もこの「テンプレート」を使って書くので、内容が似るというデメリットは理解しておいてください (後で詳細を説明します)。

なお、これで224文字です。2,000文字がいかに多いか、お分かりになると思います。

## 🌀 文字数が増えてしまう書き方に注意

文字数も注意点の一つですが、文書の書き方にも注意が必要です。

たとえば「テンプレート」の内容ですが、「在庫管理」とありますよね。

このように**箇条書き、体言止めを駆使する方が読みやすくなります。**

「1日約100件の原料が搬入されてくるため、その1件、1件にタグシールを貼り付けた後に、第2倉庫に保管します。タグシールと在庫管理システムとが連動しているため、退勤前に本日の入庫状況と共に原料使用状況を突き合わせ、アンマッチがあったら倉庫で現物を目視確認しています」

などと、ついこの「在庫管理」の詳細まで書いてしまう人がいますが、ここまでの記述はいらないということです。

また「ポイント(取り組みと工夫、実績、評価など)」も、文字数を増やしてしまう箇所です。

タイトル通りだと、「こうした課題・問題点があったので改善する取り組みを実施したことで、こうした実績が残せて社内外からもこうした評価を受けた」と書くことになりますが、筆者はお勧めしていません (ここも後で詳細を説明します)。

# 「コピペ」「使い回し」は秒殺！

## 🌀 Webのワナ

　レジュメは、紙面版ではなくWeb版を最優先で作成してくださいとお伝えしました。

　紙面版もWeb版もレジュメを作成するのは一苦労です。ただし、「コピペ」を駆使すれば効率的に作成できるので、筆者は強く推奨しています。

　コピペは有効な方法ですが、1点だけ陥りやすい大きなワナがあります。

　それは「使い回し」です。

　たとえば同業他社に応募する際に、「志望動機」を「コピペ」して使ってしまうケース。

　「貴社は業界でトップシェアを誇るリーディングカンパニーで〜」と、業界3位の会社に送ると「使い回し」と見切られるということです。

　特に応募会社の数が多くなってくると管理も煩雑になり、こういったミスを犯しやすくなります。

## 🌀 「使い回し」は、大目に見てくれない

　筆者は、社会保険労務士（社労士）事務所を経営しています。

　職員を募集すると、志望動機に「簿記3級の資格と会計の実務経験を活かして〜」といった、税理士事務所の職員向けの内容が入っているものを送ってくる実務経験者が結構います。おそらく税理士事務所の職員になることを希望している人が、共通点や類似性があることから社労士の求人にも応募してくるのでしょう。

　40代のベテランでもこういったミスを犯すのですから、若手は特に要注意です。

　こうしたミスは、厳しいようですが、ただの怠慢です。送信する前に、応募す

る会社に合った内容になっているかをチェックすれば絶対に防げるミスです。

　応募要件をクリアしているにもかかわらず、こうした単純なミスで秒殺されてしまうのは、あまりにももったいない。送信してしまったら取り消せません。事前に細心の注意を払うべきです。

## ♪「腹落ち」しないと使い回しと思われる

　採用人事というのは疑い深いものです。

　「腹落ち」、つまり心から納得するような内容でないと、マイナス評価や心証を悪くしてしまうことがあります。

　たとえば志望動機。

　「未経験ですが経理職に就きたい思いが強く、前職在職中に簿記2級の資格を取得しました。私の強みである、最後まであきらめない忍耐力を発揮し、貴社の戦力になりたいと考え志望しました」

　と書いたとしましょう。これ、良い例でしょうか、それとも？

　未経験でもOKな会社ならどこでも通用する内容ですね。

　応募先の会社への思いが、まったく書かれていません。明らかに的外れというレベルではありませんが、「しょせん使い回しだろうな」と見られる危険性は高いです。

## ♪ 特に「志望動機」は要注意

　職歴は原則、応募先の会社によって変えることはありません。なので「使い回し」になっても大丈夫です。

　一方、志望動機は応募先の会社を意識し、それぞれにオリジナルの内容を書く必要があります。ついそこを怠り、秒殺される人が後を絶ちません。

　効果的な志望動機の書き方は後述します。

　「使い回し」と断定されたり推測されないよう、腹落ちする内容を書くことが必須だということを覚えておいてください。

## 成功転職のツボ①
# 「働きやすい職場か？」を見極める方法

### 🔥「入ってみたらブラックだった」

「志望企業から無事に内定を獲得し、いざ入社してみたらブラックだった」、という話をよく耳にします。

働き方や処遇等、本人の意向と違えば何でもブラックと烙印を押す人もいるので、すべて企業側に問題があるとは言えませんが、やはりミスマッチは双方にとり得策ではありません。

「求人情報には『風通しの良い社風』と書いてあったのに実際は全然違った」といったリアルな情報を事前に得られればいいのにと思うのは当然です。

さて、どうすればいいでしょう？

### 🔥 転職の「口コミサイト」は？

メジャーなのが、「キャリコネ」や「転職会議」といった転職口コミサイトの情報です。実際に勤務している（していた）人達のリアルな情報が集まっているので、見ておくべきでしょう。

ただ、こうした匿名の口コミはネガティブなものが多く、信ぴょう性の怪しいケースがあるので、情報をどう受け止めるか、ご自身でしっかり判断すべきです。

### 🔥 面接官や面接会場の雰囲気は？

「面接官に圧迫質問された。ここはブラックだ」と決めつけるのは、よくあることですが、早計です。

確かに会社を代表する人ですから、その所作や言動は注目に値します。

ただ、面接官も時には嫌われ役に回らなければならないシーンもあります。

また、「面接会場の雰囲気が良かったし、先輩社員の対応も良かった。良い会社だろう」も早計です。

企業側は、迎え入れる準備をしっかりしていますから、本質が見えるとは限らないのです。

### 🔥 働いてみないとわからない

社風が良くても、「配属先の先輩が超苦手なタイプ」といったケースもあり、実際に働いてみないとわからないのが現実です。でもこれでは身もフタもありません。

そこで、実際に勤務している社員や元社員から直接話を聴くのが最善です。今やSNSで老若男女問わず、誰もがつながれる時代ですから、そうした人を探し当てるやり方をお勧めします（筆者は特にビジネスユースOKのLinkedInの活用を推奨します）。

# ネガティブ要素は「先回りフォロー」でクリア!

——「面接に呼ぼう」と思わせるリカバリーの秘訣——

## Part 2

20代〜30代前半のための
転職「書類」
受かる書き方

# 「メンタル疾患」で ゼッタイ伝えるべき点

## 🔄 若手といえども、ネガティブ要素をフォローすべき

たとえば、前職を3カ月で辞めた（自己都合）などの「ネガティブ要素」は、事前にフォローしておかないといけません。

フォローなしでは、採用人事は「若気の至り」と大目に見てはくれません。

面接のようにその場で事情を説明したりできないので、送った応募書類ですべてを判断され、書類選考通過が難しくなります。

「じゃ、ダメってことね」と諦めるのはナンセンスかつ早合点です！

「フォローなしではダメ」ということは、**しっかりフォローすれば良い**のです。

この章では具体的ケースから、「ネガティブ要素」の効果的なフォロー法を見ていきましょう。

## 🔄 メンタル休職・退職（ブランク期間を含む）

今、これはどの年代でも非常に多くなっています。

風邪をひいたら、栄養を摂って数日休養したら治るでしょう。しかしメンタル疾患は複雑で、再発することもあり完治も寛解も難しいでしょう。

そのため、安定的な業務遂行が難しく、職場の安全配慮義務上の問題も出てきますので、採用人事としては前向きではないのが本音です。

病名や服用薬、症状を詳細かつ赤裸々に書いても、採用人事の不安をあおるだけです。

「不利なことをわざわざ書かなくても良いのでは？　デリケートな情報は外部に漏れないはずだから絶対バレないし」というのは一理あります。

たしかに、こういった方法もありと筆者も考えますが、隠(いん)ぺいや虚偽と見られる危険性もあります。

応募書類で詳細に伝えないと、面接で聞かれて発覚したり、聞かれず入社できたとしても後で問題化する危険性が高いのです。

## 🕐 どうすれば良いか？

要は、「貴社に入社した場合、仕事はちゃんと遂行できる」ということを伝えれば良いのです。

「現職の2020年4月〜8月、体調不良のため休職しておりました」

と、事実を述べた後、次のように追記していきます。

「苦しい時期がありましたが、今はまったく問題なく、月40時間の残業もバリバリこなしております」、あるいは、

「無理が効くと頑張りすぎた反動で休まざるをえなくなったのは事実ですが、その苦い経験から、今は自分の限界を知り、仕事に穴を空けない働き方を実行できています」、もしくは、

「こうしたもどかしく辛い経験があったため、今では普段から体調管理を徹底しています」といった旨を表現するしかありません。

在職中であれば職歴の項目の中でサラッと書いておきます。

退職して無職の期間なら、大手転職サイトにあるように「職務経歴に関する補足事項」に「職務経歴に空白期間がある場合は、その期間と理由を入力してください」といった指定があれば、指定場所に書きます。

休職の事由については、メンタルが原因であることにあまり触れずに、「体調不良」、「過労」、「働きすぎ」といった表現で体裁を整えておき、今は問題ないことを強くアピールしておきましょう。

これで不採用なら他を当たるしかありません。

# 「ブランク期間がある」
# 「経験不足」という人

## ♪「大谷翔平クラス」は求めていない

　そもそも完璧な人間などいないし、会社も「ウチの規模や知名度、処遇でも、大谷翔平選手級の人材を採用できる」なんて、当然ながら思っていません。

　ましてや若手ですので、実務経験が足りないなどの未熟な部分があることは採用人事もきちんと承知しています。

　筆者は、大学を中退し定職にも就かずにプラプラしていたという若手の就活支援を請け負ったことがあります。幸いにして、すべて無事に就職先が決まりました。

　具体的に、何をしたから決まったか。

　まず、最大の難問である「ネガティブ要素」をどのように取り扱ったかがポイントです。一見するとネガティブ要素がたっぷりで、対処しようがないように見える人でも、有効なやり方はちゃんとあるのです。

## ♪「空白期間」の書き方例

　まず、過去は変えられませんから、「ネガティブ要素」は簡潔にでも書いて伝えるしかありません。

　大手転職サイトには「職務経歴に関する補足事項」という項目に、

　「職務経歴に空白期間がある場合は、その期間と理由を入力してください」とあります。そこに書いておきます。

　たとえば、

　「大学中退後の2016年4月から2019年3月まではやりたいことが見つからず、フリーターとしてアルバイトを転々としていました。しかし、当時から交際するようになった女性との将来を考えた際に、このままではいけないと思い、2019年4月から社会福祉法人大樹会に非正規職員として就職し、障害

者の生活支援業務に就きました。当時を振り返ると若気の至りでは済まされなかった面もありますが、過去に固執しても仕方がありません。この先は貴法人に入職して、一生懸命頑張ろうと決意しております」

といった感じです。

## 隠ぺい、虚偽は絶対ＮＧ！

こうした初々しい表現をミドルやベテランがしたら採用人事はドン引きしますが、若手なら許容されるので効果的なのです。特に「第２新卒」のように、若ければ若いほどこういった表現が使えます。

なお、ネガティブ要素だからといって、意図的に隠ぺいしたり、虚偽を書くのは絶対にやめてください。

たとえば、実際は違うのに、ブランクを充実したものに見せるため、「大学中退後の2016年４月から2019年３月までは、司法書士試験の勉強に専念していました」など。

「難関資格の勉強に専念」がブランクの隠れみのに使われることくらいは、採用人事は重々承知しています。面接で「弊社の根抵当権を抹消するには、どうしたプロセスが必要でしょうか？」などと質問され答に窮して秒殺（即不採用）になります。

繰り返しますが、隠ぺいや虚偽は絶対にＮＧです。そんなことをしなくても既述の「初々しいアピール」で成功転職は実現できるということです。

## 「27歳」が一つの基準

この「初々しいアピール」が何歳くらいまで通用するか。

**27歳が基準**になると筆者は考えます。

これより前なら通用する可能性が高く、後なら厳しくなる。高卒、高専卒、短大卒、大卒、院卒と、社会人になる年齢がバラバラなので、もちろん絶対ではありませんが、一つの指標として念頭に置いておいてください。

# 「これという売りがない」という人

## 「輝かしい実績」がなくても大丈夫！

たとえば「第2新卒」に毛が生えたような「新卒入社して4年目の人」。

「トップセールスを25カ月連続、現在も継続中」という売りでもあれば書くでしょうが、そんな売り、皆が持っているわけではありません。そのため、「テンプレート」を提供されても入力が進まない、というケースがよくあります。

書けたとしても「自分なんて、ただ会社に言われたことをやってるだけだから」と「謙虚」すぎて、うまくPRできていないケースも多いです。

しかし企業側は、先にも触れたように、**ポテンシャルの期待度が高いこの年代に、輝かしい実績は求めていないことが多い**のです。

## 虚偽や「盛り」は必ずバレる

したがって、虚偽を書くのは絶対にNGです。仮に「社長賞を受賞」と書いて、「では賞状とか証拠を見せてください」となったら秒殺です。

平均以下の営業成績だったのに、上位をキープしていたかのように、証明しにくい「盛った」内容を書く人も一定数います。書類選考は通過するかもしれませんが、面接で海千山千の採用人事に詰問されたら、しどろもどろになり撃沈すること必至です。何度も繰り返しますが、絶対にやめておきましょう。

## 売りは必ずある。誤解しているだけ

**「会社の指示通りにやっていただけ」というのは、なんら恥ずかしいことでも、「ショボい」ことでも、問題があることでもありません。**むしろこの先、後輩の面倒を見たり、管理職に就いていく上で、必要不可欠なプロセスです。

今、あなたが「すごい」と感じている先輩や上司も、そうしたプロセスを経て今があるのです。「全然売りがない」、「書くことがない」と悲観したり、「謙虚

すぎる」必要はありません。

「言われたことしかやっていない」とは、言いかえれば「会社から与えられた任務を着実に遂行できる」ということです。実はこれは若手にとっては大いなる売りで、その安定感、安心感は採用人事も大いに評価します。

## 🔥 数字で表現しよう。「未達」でも！

自分の職歴をできるだけ定量的、つまり**数字を用いて表現**してください。たとえば営業なら「1日100件の電話、30件の飛び込み訪問、見積書提案30件/月」といった感じです。同じように、実績も「2020年度：売上目標5,000万円に対し4,000万円（達成率80％）」と定量的に表します。

「未達なのにわざわざ書くの？」と、疑問を抱く人も多いでしょうが、同じ業界の会社でも営業方法や担当、テリトリー、裁量などがそれぞれ違うのは採用人事も理解しています。そもそも今の会社の目標数字の設定が厳しく、未達者がほとんどかもしれません。そうした要素があることはきちんとわかっていますから、事実をありのままに書いていきましょう。

## 🔥 キャリアハイの数字を

繰り返しになりますが、ミドル世代と違って、若手にはポテンシャル重視で採用活動をする面があるので、**誇るべき実績がなくてもそう問題にはなりません。**もちろんあれば前面に出すべきです。しかしそんな輝かしい実績などない人が多数でしょう。虚偽や盛りは不要。ありのまま書くのが原則です。一つのテクニックとして、たとえば、

---
■主な実績
・2017年下期：売上順位48位／約200名

---

と、**キャリアハイの数字だけ切り取るのも「あり」**です。

なお、応募先の会社が超エース級を求めているなら、実績のない人がありのままに書いても無理ですから、気持ちを切り替えて他を当たりましょう。

# 「昇進が遅い」「実績がない」「家庭の事情」という人

## ⚡ 年齢のわりに昇進が遅い人（30代なのに一般社員など）

「第2新卒」に近い社会人経験の場合はそもそも対象外ですが、**30歳を過ぎていると、年相応の職位に就いていない点を厳しくチェックされる可能性は高い**です。とはいえ、「前職では主任でしたが、実際には部長クラスの仕事をしていました」では、採用人事にとってはそれが事実なのか皆目わかりません。

ベンチャー企業なら昇進のスピードが速く20代でも役員級というのは珍しくないが、老舗企業ではそうはいかないという実情を、採用人事はちゃんと理解しています。

ということで、職歴の項目では、肩書があれば、

---

＜配属＞関東支社　第一営業部　浦和営業所　＜職位＞主任

---

というように書く。なければ、

---

＜配属＞本社　総務経理部　経理課　＜職位＞一般社員

---

と、隠さずポジションを明記しておくことをお勧めします。

つまり、ここでは「自分なりに頑張っていたつもりですが、前職では昇進のスピードは周りよりも遅かったです。ただ、貴社に転職が決まったら、前職の悔しい思いを糧に、より一層頑張るつもりです」といった**フォローは不要**ということです。**面接で指摘を受けたら回答すればOKです。**

## ⚡ 夫（妻）の退職に伴い、転職したい人

たとえば「一旦、キャリアライフを離れて子育てに専念するつもりだったが、配偶者の不慮の事情等により家計を支える必要が生じた」といったケースが該

当します。ポジティブな転職 (再就職) 理由ではないため、こういった件に触れておくかどうか、書くとしたらどう書くべきか、困惑する人が多いようです。

この辺りの事情は書かないとわからないので、フォローを入れておくと採用人事に対して親切で丁寧です。書く場所は、職務経歴に関する補足事項や備考欄、自由記入欄です。

ここも小細工は不要です。たとえば、

「先月、夫が疾病により退職となり、しばらく治療に専念することになりました。家計のために私も働くことを決めました」

といった具合です。

もちろん、ここもこれだけで終わってはもったいない。たとえば、

「事情がどうあれ、働く以上、生半可な気持ちで仕事をするつもりはありません。私には家族の生活がかかっていますので、貴社で働くチャンスをいただけたら、全力で頑張ります」

と必死さ、本気度をPRしておきましょう。

### 🔼 夫 (妻) の転勤 (リモート可能による移住) に合わせ転職したい人

コロナ禍でフルリモート勤務が認められるようになってから、こうした背景を持つ転職希望者も増えてきています。ただ、ポジティブな理由ではないこともあって、応募書類にどう表現すべきか頭を悩ます人も多いです。

ここも前項と同じく、書いておかないと事情がわかりませんから、フォローを入れておきましょう。書くべき場所は前項と同じです。

たとえば、「妻がフルリモート勤務になったことがきっかけで、家族でよく話し合ってこの地での生活を選びました。せっかくだから私もこの地で働こうと思い転職先を探しています」と、背景や本音をそのまま伝えます。

高等テクニックとして、このままでは終わらず、この地域の中でなぜ、貴社を志望しているのかに話題を移しましょう。

家庭の事情によって住所も変わり新天地を探しているというプロセスをきちんと理解してもらった上で、そうした中でも私は御社でぜひ働きたいんだ、という志望理由をアピールする絶好の機会だと捉えてください。

# 「職種・業種を変えたい」という人

## 🌙（未経験を承知で）職種を変えたい人

「第2新卒」、あるいは少し年齢が高い20代半ばくらいまでなら、そもそも「未経験ОК」、「未経験歓迎」の求人対象です。

経験が乏しくても、採用人事はその辺りも勘案していますので、「本職は未経験ですが、一生懸命頑張ります」といった初々しい内容を「志望動機」に盛り込んでおけば大丈夫でしょう。

問題はそれ以降の年齢の人です。

初々しさだけではNG。

かといって、**「未経験ですが、前職の8年間で培った〇〇の経験・スキルは本職でも役立つと確信しています」といった表現は、外す危険性が高いです。**

「未経験なのに、何を言ってるんだ？　本職に対する認識が甘いのでは？」と見られてしまうからです。

したがって、専門的な経験・スキルではなく、ビジネスパーソンとしてのそれらを軽くアピールする程度にしつつ、今までのキャリアから今回、職種を変える心境や覚悟、「本職で頑張りたい強い思い」を語ることに比重を置いてください。

## 🌙（未経験を承知で）業界を変わりたい人

これは、職種は同じだけれども業界を変えたいという場合です。

先ほどと違って、今まで培ってきた経験・スキルが充分に活かせる可能性が非常に高いので、**「業界は未経験ですが、一生懸命頑張ります！」だけの初々しい回答ではない方が良いです。**

また、「業界が変わってもやることは同じでしょう」といったスタンスだと、業界に対する理解が不足していると切り捨てられる危険があります。

　したがって、ここは事前の求人情報の読解や業界研究を元に、**「今すぐにできること」**、**「今すぐにはできないこと」を整理して伝える**必要があります。
　たとえば、
　「今回の求人情報を拝見するに、主たる業務である〜〜や〜〜は前職で十分に経験しておりますので、貴社入社後すぐに対応できると思っています」
　と、まず「できること」を明確にしておきます。
　その上で、
　「ただ、本業界はまったく未経験ですので、業界慣習や業界独自のルールを含め、前業界との違いをいち早く理解して、間違いのない業務遂行ができるよう頑張りたいと思います」
　と、「できないこと」を伝えるようにしましょう。

# 「転職回数が多い」「直近が短期離職」という人

## 転職回数が多い人

職種や業界によって違いますが、若手ならばおおむね **3回以上なら多い方**だ、ととらえてください。

「上司からのパワハラがひどくて同期入社も半年で皆辞めた」等、わがままに起因するものでなくても、やはり転職回数の多さを高評価とする採用人事は皆無です。

だからここは、きちんとフォローしておきましょう。

なお、書く場所は、職務経歴に関する補足事項や備考欄、自由記入欄です。

たとえば、**会社が倒産した、事業部自体が廃部になったといったやむをえない事情があるなら、堂々とそれらを書いてください。**

「倒産した会社にいたなんて書いたら良い印象を持たれないだろうな」と、書きたがらない人も多いのですが、これは大きな誤解です。

事情を伝えないと、単に「転職回数が多い人」となってしまいます。「書かない」方がマイナス評価に直結してしまうわけです。

また、「**転職回数は多いですが、その分、環境適応能力や業務習得力が身についています**」といったPRをする人もいますが、これはかなり強引なためNGと思っておいてください。

自己都合退職が多いとしても、それはもう過去の話であることは、採用人事も理解しています。

だからこそ、ここは過去をしっかり振り返り、簡潔に自分なりの表現で、若手らしい真摯さ、誠実さ、潔さを伝えておきましょう。

そしてこの反省を踏まえた上で、心新たに腹を据えて働く覚悟、たとえば「**貴社に入社が叶いましたら、ラストチャンスととらえ、きちんと定着し安**

定して働くことで貴社の発展に貢献していきたいと思っています」

といった熱い想いを書いてください。

## 🌀 直近の勤続年数が短い人

一般的には在職3年以内、20代の若手だと在職1年以内が、「短い」に該当すると考えてください。

そしてこの短期離職は、フォローが必要です。書く場所は、職務経歴に関する補足事項や備考欄、自由記入欄です。

ここは自責と他責の2つのパターンがあります。

自責は、自らの意志で短期離職した場合が典型例です。

これはどのような事情があったにせよ、転職には不利に働きます。「最近、すぐ辞めてしまった人」をわざわざ採用する動機は、企業側にはありません。

一方、他責の場合ですが、先に触れた会社都合、たとえば倒産や事業所の廃止・縮小による短期離職であれば、その事由をきちんと伝えれば良いです。不利には働きません。

自責の場合、

「実は前職の上司に問題があって～」、

「入社前の説明と大きく違って、実際はこのようなひどい状態で～」

と、くわしく説明しても、採用人事は「あなた自身には、まったく問題なかったの？」と疑い始めます。

あえてマイナス評価につながることを書くのは避けましょう。

「**会社と私のベクトルが違うのがわかったので、決断は早い方が良いと考えました**」と、経緯や理由に触れつつ、「短期離職は私も望んでいない。次は定着して働きたい」という決意を書いておきましょう。

# 「貴社で活かせる経験・スキル」と「ネガポジ変換術」

## 「売り」は誰にでも、必ずある！

繰り返しになりますが、「売りがない」と悩むせいでレジュメ作成が一向に前に進まない、という人は本当に多いのです。

書きやすいように職種ごとの「テンプレート」を提案されても、「そもそもそれに則った書き方ができない」というケースも多いです。

**「売り」がない人なんていません。誰にでも必ずあります。**

とはいえ、事実の羅列だけでは、売り手市場と言えども書類選考の通過が難しくなります。採用担当者に刺さるような、自分なりの「売り」を書く必要があります。

## 「貴社で活かせる経験・スキル」とは？

筆者は、職務経歴書等の作成支援を行うレジュメライター業も営んでいます。

職務経歴書の中に**「貴社で活かせる経験・スキル」という項目を立てて、「売り」を書く**ように勧めています（詳細はPart5-8参照）。

Web版だとこうした独自の項目を設けることはできないので、自己PR、職歴、自由記入欄、備考欄などに記すことになります。

若手の場合、専門的な実務経験・スキルは充分には持ち合わせていないかもしれませんが、既述の「ヒューマンスキル」なら誰もが持ち合わせているはずです（詳細はPart1-5参照）。

粘り強い、忍耐力がある、継続力がある、フットワークが軽い、寛容である、明朗活発である、集中力がある、といったものです。

特に**「未経験OK」や「未経験歓迎」といったポテンシャル重視の求人なら、この「ヒューマンスキル」を売りとして書き出してください。**

## ♪「ヒューマンスキルも思いつかない！」とき

そういったポジティブな売りを自分では思いつかない場合は、ネガティブなものを真逆にしてポジティブに置き換えるやり方で、売りを作成してみましょう。

たとえば、「極度の心配性」という自分では弱みと思っているものを、「リスクを最小限に抑えられる」、「慎重に物事を進められる」に換えるといった感じです。

何でもすぐに飽きてしまう「三日坊主」も、「すぐ行動に移せる」、「好奇心旺盛」、「何でも挑戦する」と置き換えることができます。

こうした**「ネガポジ変換」**の情報は、ネット上や書籍で入手できます。自身で思いつかない場合は、活用してください。

「売り」のない人に採用人事は魅力を感じません。この「ヒューマンスキル」を軸に売りを書いていきましょう。

## ♪ 社会人経験で補強する売り

なお、もちろん「ヒューマンスキル」よりも上位である**「ビジネススキル」**、**「テクニカルスキル」があれば、優先してPR**しましょう。

たとえば、

「学生時代の研究の経験から、自分はリサーチが得意と思っていたが、実際仕事に就いてみると、学生と社会人の差は大きく認識が甘かったことを実感させられた」

ということもあるでしょう。

こうした場合、たとえば自己啓発の一環として統計やデータサイエンスを学んだ上で、リサーチにプラスアルファの見解を加えて上司に提案し、その判断をサポートした成功体験があったりすると、採用人事の腹落ち感が増すのは間違いありません。

誰にでも売りはあります。謙虚になりすぎず、堂々とPRしてください。

## 成功転職のツボ②
# 「メンタル」は
# 必ず見られている

### 🎵 企業が抱えている　ニーズとは

今や超ストレス社会ですから、「精神的にしんどい」、「しんどい時期があった」ということは、若手であってもごく自然に起きています。そして「仕事上のストレス」により戦線離脱を余儀なくされるケースが多くなっています。

また、職場の安全配慮義務という観点もありますので、「メンタル面は大丈夫？」をチェックしたいというニーズを企業は抱えています。

### 🎵 決して無理しない

メンタルに不調を来している人が、採用されたいからと、まだ状態が良くないのに嘘をついて転職できたとしても、継続勤務できるかというと大いに疑問だし危険です。

採用選考では、時には「嘘も方便」も必要ですが、無理がたたって長期休養に追い込まれたら逆効果です。自己判断せず、主治医とよく相談して決めてください。

### 🎵 大丈夫なら、　わざわざ書かない

今まで一度もそういった故障はなかったなら、何のフォローもいりません。

以前に不調を来したことがあっても、「今

はまったく大丈夫。ブランクもないし、勤務に関して何ら問題はない」と自信が持てるなら、応募書類上であえて触れる必要はないと、筆者は判断します。

### 🎵 不安があるならフォローを！

一方、特に寛解直後などは勤務に不安があるでしょう。

その場合は先回りしてフォローしておくのも一手です。

たとえば、長期ブランクがあった場合は隠せないので、

「前職退職後から現在まで約1年のブランク期間は、静養しておりました」

と、ブランクの過ごし方を書き、その後に、「その背景として、前職は年間に休みが30日しかなく、残業も月100時間を超える時もあり勤務継続ができなくなりました。ただ、今回の充分な静養もあって完全復調しました。主治医も太鼓判を押してくださっています」

と、不調に至った経緯や現状をしっかりと伝えておくやり方です。

こうした件を理由として落とされたなら仕方ありません。採用は需要と供給、相対評価ですので、気持ちを切り替えて次を当たるしかありません。

# 〔Webレジュメ〕
# 転職サイト・エージェントにササる伝え方

——職務要約、職歴、担当業務、役割、実績…職種別ポイント——

## Part 3

20代〜 30代前半のための
転職「書類」
受かる書き方

## Webレジュメを制する者が書類選考を制する

前にもふれましたが、この**Webレジュメを制する者が書類選考を制する**と言っても過言ではありません。

WordやExcelで作成するものと違い、操作テクニックで表現や見せ方に差が付くものではない点は、未熟な人にとっては安心材料でしょう。

また、ここで完成したWebレジュメの内容を元に、紙面版に応用していくやり方を筆者は推奨しています。まずはこれを完成させることが、成功転職への重要な第一歩となります。

一方でこのWebレジュメにはWebレジュメなりの**独特の書き方があり、紙面版と違い、送信後のイメージがつかみにくいこともあって、うまくいかない人も多いのが実情です。**

そこでこの章では、メジャーな転職サイト等の代表的なWebレジュメの入力項目を一つひとつ取り上げて、その書き方をレクチャーしていきます。

## 「リクナビNEXT」は超有益!

たとえば最大級の転職サイトである**「リクナビNEXT」**。ここの登録が完了すると、乗合している転職エージェントである**「リクナビエージェント」**の登録につなげてくれるので、非常に有益なサイトです。

そして、これにはガイダンス機能が備わっていて、順を追って入力していけば、基本的なものが仕上がるしくみになっています。ですので、ここからは「リクナビNEXT」のWebフォームを例に、説明していきます。

氏名や住所といった個人情報を間違える人は皆無だと思いますが、**タイプミスをすると致命的**になります。細心の注意を払って入力してください。

# 🌀 プロフィール

| プロフィール | | |
|---|---|---|
| 氏名 | 必須 | 柿内　淳　　　　　　　　　　　　　　　　　　　　　　　　　　　⍰<br>カキウチ　ジュン |
| 生年月日 | 必須 | 西暦 ▾ 1996 年 ▾ 11 月 ▾ 4 日 (満26歳) |
| 性別 | 必須 | 男性　　　　　　　　　　　　　　　　　　　　　　　　　　　　　⍰ |
| リクルートID<br>(メールアドレス) | 必須 | laxcools@yahoo.co.jp　　　　　　　　　　　　　　　　　　　⍰ |
| 住所 | | **郵便番号** 必須<br>〒 330 - 0801<br>**住所** 必須<br>都道府県 埼玉県 ▾ ※国外の場合も、左記よりお選びください。<br>市区郡以降 さいたま市大宮区土手町3-103-2 |
| 電話番号 | 必須 | 09055390774 |

## ☑ 氏名

名前欄一つとっても、次のようなミスが散見されます。

・サイトによっては、姓名が別でなく「氏名」と1スペースの場合があります。姓名の間には「高橋　太郎」と、1字分ブランクを入れましょう。忘れる人が多くいます。

・「フリガナ」とあるのに半角で「タカハシ」、ひらがなで「たかはし」と入力するミスも多数。メジャーな転職サイト等では自動でカタカナに置き換える機能が装備されていますが、未装備のサイトも多いので注意してください。

## ☑ 生年月日

・和暦か西暦かの不統一は避け、履歴書等の記載と統一します。

・プルダウンメニューの操作ミスも散見されます。**マウスから指を離す瞬間に数字が動くこともあります。**指を離した後に、きちんと正しい数字が入力されているか、確認してください。

# UP! 2 個人情報、希望職種… これはNG!

前項「プロフィール」の続きです。

## ☑ 性別

今は男性、女性のみならず、その他といった性的マイノリティの人に配慮したところもあります。ここは実態を選択しておきましょう。

## ☑ 住所

郵便番号を入力すると、住所を導き出してくれるサイトもあります。これだと郵便番号と住所のアンマッチは起きませんが、連動していないものだとアンマッチが起こりやすいので、気をつけてください。

また、住所欄は、「丁目」「番地」を省略せず書きましょう。

OK!

中央区銀座1丁目1番地　Ｒビル1号室

下記のような**省略は避けてください**（上記の、省略しない表記とどちらが適切かは一目瞭然ですね）。

NG!

中央区銀座1-1Ｒビル1

いったん送信したら取消、訂正できません。細部まで注意を払いましょう。

## ☑ 電話番号

今は固定電話ではなく、**携帯電話（スマートフォン）一択**です。

ハイフン (-) が必要か否かも気をつけてください。こうした個人情報は正確に入力できて当然ですから、絶対に間違えないように注意しましょう。

## 🎵 希望条件

続いて、希望条件です。

## ☑ 希望雇用形態

プルダウンメニュー（下記）から選択することになります。

アルバイト・パート、正社員、契約社員、業務委託、その他

## ☑ 希望職種

数ある職種の中から選択することになります。

メジャーな転職サイトだと詳細な職種が表示されますが、サイトによっては選択でなく手入力の場合もあります。

たとえば不動産営業の場合、メジャーな転職サイトでは法人、個人が分れています。

手入力の場合、「**不動産営業**」より「**不動産法人営業**」の方が、より詳細です。この辺りも配慮しましょう。

前項の「希望条件」の続きです。

☑ **希望勤務地**

都道府県単位で選択するようになっています。

会社からのスカウト等に引っかかりやすくするため、可能な限り**複数の都道府県を選択**することをお勧めします。

☑ **希望年収**

プルダウンメニューで選択します。

ここは、細心の注意を払って選ぶべき欄です。

というのも、単純に本人の希望が通る世界ではないからです。

「前職では360万円だったから今回は500万円以上にしよう！　入社してからでは難しいから、できるだけスタートラインを上げておこう」

とするのは自由ですが、会社側の求める人物像と予算に合わないと、そもそも書類選考の前の段階でマッチせず、前に進めなくなります。

「この金額以上でなければ転職しない、現職にとどまる」という決意なら、その金額でもかまいません。

しかし転職することが優先なら、応募対象となる**求人情報のターゲットプライスを調べて、その範囲内で書いておきましょう。**

キャリアチェンジ（未経験の職種にチャレンジする場合）なら、「こだわらない」という選択肢も「あり」です。

なお、希望条件欄は複数選択できるので、たとえば「不動産法人営業」だけでなく「不動産個人営業」も希望として含まれるなら、これも選択して複数作成していきます。

## ♪「転職・仕事探しの意欲」

| 　‹　　　　　　　　転職・仕事探しの意欲 | |
| --- | --- |
| すぐに見つけたい | |
| 3ヶ月以内に見つけたい | |
| 半年以内に見つけたい | |
| 1年以内に見つけたい | |
| いい仕事があれば | ✓ |
| 今は考えていない | |

　今の状況を選び、状況に変化があったら、すぐにアップデートしておくようにしましょう。

# 「アピールポイント」「スキル」のコツ

## 🔸 アピールポイント

---

**＜**　　　　　　アピールポイントを編集

アピールしたいスキル・資格・経験等を選択することで、企業やエージェントにあなたの魅力を伝えることができます。

**保有している資格・学位**

宅地建物取引士 ✓　　マンション管理士 ✓

**語学力**

英語で簡単な会話が可能 ＋　　英語でメール交換が可能 ＋　　TOEIC500点〜549点 ＋

**経験のある業界や部署**

販売仲介 ✓

---

**選択済み** 3/5

宅地建物取引士　　マンション管理士　　販売仲介

---

**ＴＯＥＩＣスコアがあれば「３年前で今は…」という場合でも選択。**

## 🔸 スキル

「＋職歴に基づく候補から選ぶ」をクリックし選択するのが王道です。

とはいえ、職歴によっては「現在、選択中の職種に該当する質問の候補がありません」と表示されます。この場合、下記の検索窓にキーワードを入れ該当しそうなものがあるか探します。

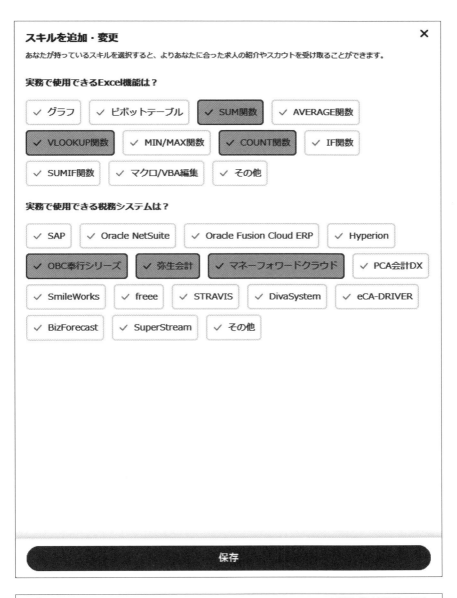

スキルを追加・変更 　　　　　　　　　　　　　　✕

あなたが持っているスキルを選択すると、よりあなたに合った求人の紹介やスカウトを受け取ることができます。

**実務で使用できるExcel機能は？**

✓ グラフ　　✓ ピボットテーブル　　✓ SUM関数　　✓ AVERAGE関数

✓ VLOOKUP関数　　✓ MIN/MAX関数　　✓ COUNT関数　　✓ IF関数

✓ SUMIF関数　　✓ マクロ/VBA編集　　✓ その他

**実務で使用できる税務システムは？**

✓ SAP　　✓ Oracle NetSuite　　✓ Oracle Fusion Cloud ERP　　✓ Hyperion

✓ OBC奉行シリーズ　　✓ 弥生会計　　✓ マネーフォワードクラウド　　✓ PCA会計DX

✓ SmileWorks　　✓ freee　　✓ STRAVIS　　✓ DivaSystem　　✓ eCA-DRIVER

✓ BizForecast　　✓ SuperStream　　✓ その他

保存

---

スキルを登録　　　　　　　　　　　　　　＋ 職歴に基づく候補から選ぶ

未登録のスキル（ツール・専門知識）から検索して登録できます。

Q 例：Microsoft Excel、Python

# 「職務要約」…秒殺か否か、ココで決まる!

## ⚡ 職務要約

| ‹ | 職務要約を編集 |
|---|---|

これまでの経歴やアピールしたいことなどを記入する

0/目標400文字

**職務要約の例**　　　　　　　　　　　　　　　　　　　　　　　　C 次の例を見る1/5

■生産技術
○ポイント
・業務の範囲や役割を具体的に記載する。
・具体的な実績を記載する

○本文
大学卒業後、自動車部品メーカーの××株式会社に入社。自動車エンジン部品の生産技術部門に配属され、7年間生産技術業務に従事。工程設計から保全まで幅広い工程を経験し、4年目には生産ラインの時産向上の目標を掲げ、生産ライン見直しを実施。現状を分析し、切削条件の変更等複数の仮説のシミュレーションと検証を繰り返し、試行錯誤の結果大幅な生産性の向上に結びつけることができた。6年目から現在に至るまでアジアの現地法人に出向し、現地メンバーと協業し、生産ラインの新規立ち上げと管理指導業務に従事。

紙面版では最初の項目として表記する「職務要約」。これはまさしく、今までの職歴を端的にまとめたものです。

本でいえば目次のような役割です。

**ここの内容の出来しだいで、その先の「詳細」まで読みたくなるか、秒殺されるかが決まります。**

ここできちんと仕上げておけば、後述する紙面版に、そのまま転用できます。

入力欄の下に、作成のヒントと職種別の事例が5つ用意されています。転職活動を始めたばかりだと、書き上げるのはなかなか難しいかもしれないので、これらをふまえて書くと良いでしょう。

## 「職務要約」の役割、作成のポイント

繰り返しになりますが、ここはWeb版でも紙面版でも非常に重要ですので、詳しく解説しましょう。

400文字以内となっていますが、確かにこれ以上だと「要約」ではないでしょう。この事例で276文字ですから、若手だと多くても**300文字前後**がちょうど良いボリュームになるでしょう。

たとえば「第2新卒」で、1社しか勤務経験がなければ、この半分くらい書けば十分でしょう。

一方、30歳前後なら、300文字というボリュームを確保できるように頑張ってください。

なお、**ダラダラと冗長気味だったり、事実ではなく自分の思いが中心だったりと、読みづらいものは絶対にNGです。**

ただ、この狭いスペースで食いついてもらえるようなキャッチーでエッジの効いた文書にするのは難しく感じるでしょう。

大丈夫、誰でも簡単に書けるコツがあります。

# 6 時系列法

## 「時系列法」とは？

　職務要約の書き方には**1)「時系列法」**、**2)「一気通貫法」**の2つがあります。

　1)は下記のように新卒入社以来の職務経歴を時間軸に沿って書きます。

> 大学卒業後の2018年4月に株式会社ロジスティックス東京に新卒入社、経理部経理課に配属。
> 伝票入力から税務申告書作成、税務調査対応、経営分析対応まで経理業務全般に従事。2021年4月には子会社の立ち上げのため、経理部門の構築メンバーに選抜され本子会社に出向。部門の運営が軌道に乗ったこともあり、2022年3月に株式会社ロジスティックス東京に復職し、現在も経理業務全般を担当中。

　このように最終学歴から新卒入社した企業名、転職先の企業名、業務概要、勤務期間などを盛り込んでいく、最もオーソドックスな書き方です。

　大学中退など「ネガティブ要素」があれば下記のように事情を書いてフォローし、企業名、業務概要、勤務期間などを盛り込みます。

　**転職経験があれば、事情にも軽く触れるのは有益です。**

> 経済的な事情により2017年3月に大学中退後、同年5月に株式会社R＆Kに派遣社員として入社。ドコモショップでの携帯端末販売やプラン変更、修理受付等に従事。販売するなら規模の大きい商品を取り扱いたいと考え、2019年3月に株式会社エステート東京に転職。売買仲介営業部にて不動産仲介営業に従事。主に東京23区東部エリアを担当し2020年度は対売上目標109%を達成。自分の力を試してみたい想いから、2021年5月に前職の株式会社ホームタウンに転職し不動産仲介営業に従事中。

この「時系列法」は、**応募職種と今までの職務経験がマッチしており、転職回数がさほど多くない人、職歴に多様性がない人、特殊事情がない人**に適しています。淡々と時系列に沿って書くだけなので書きやすいのが特徴です。

　このオーソドックスな書き方なら、書くことがないと思い込んで要らぬことを書いたり、逆にスカスカになったりせず、きちんと仕上がるはずです。

基本的な書き方

❶ 最終学歴（売りになる場合は、大学名や専攻も）
　　↓
❷ 新卒入社した社名、担当業務、在籍期間
　　↓
❸ 転職した社名、担当業務、在籍期間（転職回数分❸を繰り返す）

応用編

　なお応用編として、下記のように、**主な実績を盛り込む、自己PRで締める**といった方法もあります。

専門学校卒業後、新卒入社した株式会社ウェブエージェンツで約9年間、システム営業に従事中。
5年目からは3期連続上位表彰されるなど、毎年のノルマをほぼ達成。その成果が評価され、6年目からはサブマネジャーに昇格。スタッフ5名を抱えチームマネジメントに尽力し、昨年度は10チーム中3位に入賞することもできました。このように1プレイヤーでもマネジャーでも、課された営業数字にコミットする力には自信があります。

＜ポイント＞
・職歴の中で、売りになる実績や成果があれば、適宜盛り込む
・最後にセールスポイントや自信がある領域などを盛り込んで締める

**3**

〔Webレジュメ〕転職サイト・エージェントにササる伝え方

〔ササる「職務要約」の書き方②〕
# 一気通貫法

## 🌀「一気通貫法」とは？

　職務要約の書き方の2）の「**一気通貫法**」は、時系列ではなく、長年のキャリアを丸めて書くのが特徴です。

　「時系列法」で書くと、どうしても長くなるケースがあります。たとえば転職を繰り返している場合。勤務先と担当業務の概要、勤続年数などをそのまま記述したら大変なボリュームになってしまいます。そもそも「要約」という定義に反してしまいますから、何らかの凝縮する方法が必要ですね。

　そこで2）「一気通貫法」を活用します。

　下記は「住宅営業の管理職候補」に応募する場合の事例です。

> 大学を卒業して12年超経過していますが、この期間の大半は戸建て住宅の営業に従事して参りました。特に郊外の30坪程度の物件の営業を得意とし、前職のスマイスト株式会社では、3年連続で上位入賞という実績を記録。現職では営業所長の経験もあり、展示場へ誘導するマーケティング戦略の企画・立案・実行経験や後輩の育成・指導の経験もあります。

　ここでは詳細は見せていませんが、実はこの人は6社の勤務経験があります。長くなる「時系列法」を採用せず、「住宅営業」に的を絞り、このように最初の2行でコンパクトにまとめて書き、冗長になるのを防いでいます。

　**特筆すべき住宅販売の実績を書く、展示場販売で必要なマーケティングや後輩の育成・指導経験にも触れておく、というのも非常に効果的です。**

　その他、**多種多様な職歴や業界経験がある場合も、**「時系列法」ではなく、**こちらが適しています。**

　たとえば、次は5つの業界で3つの職種を経験している人の例です。

> 2015年4月の新卒入社から現在までの約8年間、接客サービス業でキャリアを積んで参りました。この間、ブライダル、葬儀、飲食、宿泊、旅行の5つの業界を中心に、接客を軸にしつつ営業・企画といった幅広い業務に従事。また飲食業界時代には店長を任されていましたので、マネジメント経験も保有しています。

　全体については丸めてサラリと書いておき、応募職種に役立つ職歴やスキルに焦点を当てて深掘りしておくのが、この手法のセオリーです。

　なお、職歴を省くと違和感を覚える採用人事もいますので、必ず触れるようにしてください。たとえば、総務、経理、営業の3つの経験を持つ人が、営業職に応募する場合、営業経験しか触れないのではなく、「総務、経理を経験した後に営業に従事し〜」、「営業以外にも総務、経理を経験し〜」と、応募職種とは関係のないものはサラッと流す程度にとどめておくといったように、強弱をつけて書くのがポイントです。

## 適している人

・転職回数が多すぎる人（4回以上は本手法を推奨）
・職種にバラつきがある人（異なる3つ以上の職種経験者に推奨）

## 書き出し例

・一貫したキャリアの場合
　➡大学卒業から現在までの約10年間、経理業務一筋です。
・他の職種も経験したが、応募職種には関係がない場合
　➡約8年間、主にシステム開発業務とシステム保守・運用業務に従事。
・多様な職歴があり、直近の職歴が応募職種にリンクしている場合
　➡20代前半に様々な仕事に挑戦した後、7年前から現在まで法人営業職でキャリアを積んできました。

## ポイント

・転職回数や経験職種の数に触れずにサラッとまとめる。

## 転業種、起業、スカウト、ブランクetc.

ここでつまずくと前に進みません。

サンプルをぜひ参考にしてください。

### 業界を変えて転職したケース

明治大学卒業後の2014年4月にフェデラー自動車株式会社に新卒入社。

新人研修を経て営業管理部に配属となり、日本国内の現状調査・分析から販売計画策定、プライシング、販促企画立案等のフェデラー車の営業支援全般を担当。

2019年12月に現職の日本ビューティ株式会社に転職。商品企画部にて新商品のプロダクトマネジメント業務全般に従事。2022年9月にプロダクトマネジャーに昇格、自チームの牽引に加え他チームとの協業や連携に尽力。最近は基幹商品であるアイラインのプロダクトマネジメントを担当。

### 起業や職業訓練を経験しているケース

ＩＴ専門学校システム情報学科卒業後の2016年4月に、株式会社ピーシーサポートに新卒入社。パソコン等の電子機器の接客販売に従事。

自身の夢実現のために2018年1月に同社を退社し、同年4月にネットショップを開業。業績が振るわなかったため同年11月に事業閉鎖を決意。

その後、職業訓練校Webクリエイター科を専攻後、2019年10月に現職の株式会社ウェブエンジニアリングに再就職し、Webサイトのデザインから構築、運用といったWebサイト全般の業務に従事中。

## 🔥 スカウトを受けて転職したケース

大学卒業後の2017年4月、株式会社ウェルネスに新卒入社。幹部候補生として
ドラッグストアのマネジメント業務全般に従事。
ゼミの担当教授から誘引を受け、2020年4月に学校法人同命舘学園に転職。ス
ポーツ栄養学の研究室の助手として現在まで約4年間は入試・オープンキャンパ
スサポート、教務補助等にも対応。

## 🔥 新卒入社までに時間を要したケース①

3浪するも志望大学への合格が叶わず、自分を変えるため単身フィリピンに渡
り語学習得に尽力。2年間英語を学んだ後、カレッジに進学するため渡米。
ABC College で3年間就学後、University of California, Los Angeles に進学を
実現。
同学卒業後の2019年4月にMACエージェンシーJAPAN株式会社に新卒入社。
日本に進出したい外資系企業のコンサルティング、並びに各種許認可手続き等を
担当。

## 🔥 新卒入社までに時間を要したケース②

2015年3月に大学を中退後、自分探しのためにフリーターや税理士の試験勉強
など様々な体験を経て、2017年4月から2019年4月まで3社にてカスタマーサ
ポート業務に従事。
そして2019年5月から現職の株式会社サクセッションに転職し、求人広告や複
合機等のアウトバウンド営業に従事。入社半年後から好成績を記録し続けたこと
で、2022年4月にチームマネジャー（スタッフ4名）に昇格し、チーム全体の目
標数字も管理中。

〔Webレジュメ〕転職サイト・エージェントにササる伝え方

〔「職務要約」サンプル編②〕
# クリエイティブ系、業界一筋、キャリアチェンジetc.

## 🎵 クリエイティブ系

日本大学芸術学部映画学科で映像制作を専攻後、2019年4月に株式会社電博クリエイチャーに新卒入社。
CMのプロダクションマネジメント業務に従事するも、大学の専攻でもあったミュージックビデオの制作に関わりたい思いから、2021年4月に株式会社エムティーヴイに転職し、ミュージシャンのビデオプロダクション業務に従事中。

## 🎵 セキュリティ系

大学で情報工学を専攻した後の2015年4月に、株式会社セキュリティ研究所に新卒入社。同社が運営するサイバー専門学校で情報セキュリティ関連講座の運営全般に従事。また情報セキュリティに関する記事執筆や外部セミナー実施等に取り組む。
2018年9月に国立研究開発法人高度情報化研究所に転職、前職と同様の業務に従事しつつ、民間企業のセキュリティ対策の調査・分析に従事。
そして2020年4月に現職のサイバーセキュリティ株式会社に転職、法人向けセキュリティ対策の企画提案、実行やセキュリティ対策に関するコンサルティングに従事中。

## 🎵「ホテル業界一筋」というケース

大学卒業後、約1年間豪州にてワーキングホリデーに参加後、2013年4月に株式会社バードウイング入社。セレクトショップにて衣料品等の接客販売に従事。
2016年11月に現職の株式会社ハイリゾートジャパンに転職。最初の配属先であるベイマリーナーズホテル伊豆に2018年3月まで勤務。主にフロント業務に従

事、フロントマネジャーに昇格。

2019年2月にコンチネンタルホテル沖縄に出向し、フロント、客室管理、ショップ、現地予約の4部門の責任者を任され、スタッフ20名のマネジメントも担っております。

## 🐟 キャリアチェンジを経験した場合①

大学卒業後の2013年4月に株式会社ＡＢＣ商会に新卒入社。店舗にて衣料品の販売に従事。

同社在職中に経理の道に進みたいと考え、簿記2級やＦＰなどの関連資格取得後、2015年8月に株式会社ピーコンにて派遣社員として経理補助業務に従事。2017年4月に税理士法人アドヴァンスにて派遣社員として経理全般に従事。2018年3月からは現職のＦＰコンサルタンツ株式会社にて伝票起票から経営分析に至るまでの幅広い経理業務に従事中。

## 🐟 キャリアチェンジを経験した場合②

大学卒業後の2016年4月に、株式会社ゼッツホールディングスに新卒入社。新人研修を経て、全国トップクラスを誇るエリア担当として、店長業務を1年半、スーパーバイザー業務を1年経験。

2019年9月にアルテック株式会社に転職。配属先の営業本部にて、中小零細の建築会社を対象とした工期管理システムの営業に従事。目標達成率において2020年度には社内3位、2021年度には社内1位の好成績を記録。

そして2022年5月に現職のニードジャパン株式会社に転職。セールス部門にて在庫管理コンサルティング、パッケージソフトのソリューション営業に従事。データ分析を用いた科学的な営業手法により、毎年度着実に予算を達成し、社長賞を含め、数々の賞を受賞。

# 職歴の多寡、家業、離婚、フリーター、派遣etc.

## 職歴が乏しいケース

○○市立商業高等学校ビジネス教養科卒業後の2021年4月に、株式会社日商機械に新卒入社。

電話対応を主とした営業事務に従事しつつ、新入社員の教育係を担当した実績もあります。

元々、直接人と接する仕事に就きたい思いがあることに加えて、貴社の人材育成プログラムに惹かれ、今回貴社を志望した次第です。

## 職歴が複数にわたるケース

大学卒業後の2013年4月に株式会社Xクールズに新卒入社し、ファッションブランドの販売に従事。

知人の紹介を受け2016年9月に有限会社川上内装に転職、壁紙やクロス貼り換え等、内装業全般に従事。その後、結婚、転居を機に、2019年12月に有限会社家事メンテナンスに転職、水道設備資材の配送並びにその在庫管理業務に従事。2021年5月より現職のジェネリック株式会社にて検体集配業務に従事中。

## 家業勤務や離婚など、私的事情があったケース

高校卒業後の、2016年4月に実家の飲食店にて店舗運営業務に従事。その後、結婚、出産、育児を経て、離婚を契機に2018年2月に前職の株式会社スーツスタイルに契約社員として入社。店舗スタッフとして店舗内の接客販売に従事。

2021年9月にハイブランドを取り扱う現職のエグゼクティブスーツに転職。店舗リーダーとして店舗、ECサイトの両方の運営全般に従事中。

## ⚙ 自己都合や会社都合による転職があるケース

東京工〇大学工学研究科機械システム工学専攻を修了後、2014年4月に中谷工業株式会社に新卒入社。産業用ロボットの製品開発全般に従事。
地元大阪に帰省する事情が発生し、2017年6月に株式会社大阪マテハンに転職。運搬機器の電装部品の受入検査業務に従事。
事業部門売却により同社を会社都合で退社し、2019年3月に現職の株式会社テックインファクトリーに転職。生産設備の設計全般に従事中。

## ⚙ 転職活動を継続しているケース

専門学校卒業後の2017年4月に株式会社テレアポ商会に入社。主に法人向けのオフィス機器の新規開拓営業に従事。
同社倒産に伴い、2019年2月に株式会社コールシステム24に転職。コールセンター業務全般に従事し、2021年10月からはスーパーバイザーとしてセンター運営全般を担当。
2023年5月に株式会社セールスエージェントに派遣社員として勤務、各種サービスの新規開拓営業に従事しながら、転職活動を続けております。

## ⚙ フリーターから昇進したケース

高校卒業後、約4年間の複数の飲食店フリーター経験を経て、2016年4月に株式会社太田電機にアルバイト入社。
店舗販売員として家電販売に従事し、勤務態度や売上などが評価され2018年8月に正社員登用。1年後にフロア長に昇進し、従業員への販売指示や教育訓練、シフト表作成などのマネジメントに従事中。
7年半に及ぶ販売の現場第一線で培ったコミュニケーション力に最も自信があり、貴社でもこの強みを活かしていきたいと思っております。

# 最重要!「職歴」で差をつける

## 🔊 「職歴」は転職書類の山場

繰り返しになりますが、「職歴（職務経歴）」は最も重要なところです。

Web版も紙面版も、採用人事は「職務要約」に目を通した後に、この「職歴」に目線が移っていく流れになります。

ここでも、メジャーな転職サイトの項目に沿って、書き方を見ていきます。他の転職サイトだと、これよりも項目が少ない傾向にあります。

| | | |
|---|---|---|
| **く** | **職歴を編集** | |

**職種**　　　　　　　　　　　　　　　　　　　　　　　　　　2/3

| 不動産法人営業 | × |
|---|---|
| 税務 | × |

**＋　職種を追加**

**会社名**

リブロック株式会社

**雇用形態**

正社員　　　　⌄

**在籍期間**

☑ 在籍中

**開始年月**

2016　⌄　年　　4　⌄　月

**終了年月**

現在に至る

☑ 職種の選び方

1つの勤務先について、経験した「職種」を3つまで選択できます（「＋職種を追加」をクリックすれば職種のラインナップが表示されます）。

---

**職種を選択** 2/3　　　　　　　　　　　　　　　　　　　✕

　🔍 職種を検索する

全ての大分類

**営業**　　　　　　　　　　　　　　　　　　　　　　選択中　>
建築・土木/プラント営業・不動産営業・IT/通信製品営業・Webサービス/ゲーム営業・自動車/…

**企画/マーケティング/カスタマーサクセス/サポート**　　　　　>
企画・営業推進・マーケティング・コールセンター・カスタマーサクセス

**コーポレートスタッフ**　　　　　　　　　　　　　　選択中　>
経理・人事・総務・法務・情報システム・広報/IR・渉外・内部監査/内部統制・リスク管理

**SCM/生産管理/購買/物流**　　　　　　　　　　　　　　　>
生産企画・購買/調達・物流・貿易

**事務/受付/秘書/翻訳**　　　　　　　　　　　　　　　　>
事務・受付・秘書・通訳・翻訳

**小売販売/流通**　　　　　　　　　　　　　　　　　　　>
販売スタッフ・店長・仕入/流通・店舗開発・店舗管理/運営/支援

**サービス/接客**　　　　　　　　　　　　　　　　　　　>
警備・清掃・アミューズメント・イベント・旅行・宿泊・美容・冠婚葬祭・マンション管理・フィットネ…

**飲食**　　　　　　　　　　　　　　　　　　　　　　　>
ホールスタッフ・調理スタッフ・店長/支配人・エリアマネージャー・シェフ/料理人・パティシエ/菓子職…

**コンサル/士業/リサーチャー**　　　　　　　　　　　　　>
コンサルタント・コーチング・監査人・会計士・税理士・弁護士・パラリーガル・弁理士・司法書士・士…

**IT**

選択済み: 不動産法人営業, 税務

（ リセット ）　　　　　　　　　　　完了

---

# 社名、雇用形態、在職期間 …入力ミスは致命傷!

## ☑ 会社名

ここは空欄に社名を入れるだけです。

メジャーな転職サイトだと、社名の候補機能が備わっています。

## ☑ 雇用形態

ここはプルダウンメニューから選択します。

「アルバイト・パート、正社員、契約社員、派遣社員、業務委託、その他」
というメニューが用意されています。

## ☑ 在職期間

ここは入社・退社の時期を表記するところです。

☑在職中　と「在職中」を選べば、あとは開始年月のみ、プルダウンメ
ニューから選びます。

□在職中　とチェックを外せば、終了年月も選択します。

なお、プルダウンメニューにありがちですが、入社・退社時期の誤入力は致
命傷になります。細心の注意を払って選んでください。

## ☑ 経験のある業界・部署

ここは最初に選んだ「職種」に紐づいていて、その問いに合った選択肢を選
ぶだけです。

冒頭にある「あなたが持っている経験を選択すると、よりあなたに合った求
人の紹介やスカウトを受け取ることができます」というメッセージの通り、
チャンスを広げるためにも選んでおきましょう。

**経験のある業界や部署を追加・変更**　　　✕

あなたが持っている経験を選択すると、よりあなたに合った求人の紹介やスカウトを受け取ることができます。

**経理業務を経験した際の勤務先業界は？**

| ✓ IT/インターネットサービス | ✓ 化学/素材 | ✓ 鉄鋼/金属/非金属 |

| ✓ 化粧品/トイレタリー | ✓ 日用品 | ✓ インテリア | ✓ アパレル |

| ✓ 機械/電気 | ✓ 自動車/輸送機器 | ✓ 食品/飲料/香料 | ✓ 医療/福祉 | ✓ 人材 |

| ✓ 教育 | ✓ 金融/保険 | ✓ 建設 | ✓ 不動産 | ✓ インフラ |

| ✓ コンサルティング | ✓ 飲食 | ✓ サービス | ✓ 小売 | ✓ 商社 |

| ✓ 運輸/物流 | ✓ マスコミ/メディア | ✓ エンターテインメント | ✓ 公社/官庁 |

| ✓ その他 |

**不動産法人営業を経験した際の勤務先業態は？**

| ✓ デベロッパー | ✓ ゼネコン | ✓ 販売仲介 | ✓ 賃貸仲介 |

| ✓ プロパティマネジメント会社 | ✓ 不動産管理会社 | ✓ その他 |

**経理/財務を経験した際の所属部門の社員数は？**

| ✓ 1人～4人 | ✓ 5人～9人 | ✓ 10人～29人 | ✓ 30人～99人 | ✓ 100人以上 |

保存

Part **3**

〔Webレジュメ〕転職サイト・エージェントにササる伝え方

## 業務経験

　最初に選択した「職種」に紐づいていて、深堀りした内容を選択していきます。今回は「不動産法人営業」と「税務」という「職種」を選んだと仮定しています。まず「不動産法人営業」について下記の問いが用意されています。

---

主な最終顧客の業態は？

主な営業先の役職は？

経験のある営業種別は？

経験のある営業手法は？

不動産営業として経験のある業務は？

不動産法人営業として経験のある受注後顧客フォロー目的は？

受賞経験のある褒賞は？

管理経験のある営業目標は？

法人向け営業経験のある不動産種別は？

営業経験のある法人の月間担当社数は？

担当経験のある商材のリード獲得から成約までの平均期間は？

営業経験のある不動産商材の平均年間手数料収入は？

営業担当の新規獲得顧客割合は？

商談の平均的な頻度は？

営業活動の主な組織内順位は？

経験のある海外関連業務は？

海外勤務の経験年数は？

海外営業の経験年数は？

---

一方、「税務」は下記のようになっています。

---

経験のある経理/財務業務は？

経験のある税務業務は？

経験のある国際税務業務は？

経験のある国内税務業務は？

---

　大変なボリュームのように見えますが、選択肢から選んでいくだけなので、面倒くさがらずにやっておきましょう。

　ここも先ほどと同じく「あなたが持っている経験を選択すると、よりあなたに合った求人の紹介やスカウトを受け取ることができます」というメッセージの通りです。

### 🔹 ポジション・役職

　下記の問いが用意されています。

---

経験のある最高役職は？

管理職としてマネジメントした最大人数は？

管理職として部下を持った年数は？

日々の業務の報告先の役職は？

---

　いずれも事実をきちんと選択するだけですが、ポイントは前段の2つの問い。いわゆる「キャリアハイ」と言われる最高・最大の内容を選びます。

　たとえば、今はヒラ社員でも過去に課長職で部下を3人抱えていたなら、遠慮なくそれを選択して良い、ということになります。

## ポジションや役職を追加・変更　　　　　　　　　　　✕

あなたが持っている経験を選択すると、よりあなたに合った求人の紹介やスカウトを受け取ることができます。

### 経験のある最高役職は？

未選択　　一般社員　　主任/リーダー　　係長　　課長/マネージャー　　部長　　本部長

執行役員　　取締役　　社長　　会長　　その他

### 管理職としてマネジメントした最大人数は？

未選択　　1人〜4人　　5人〜9人　　10人〜29人　　30人〜99人　　100人〜499人

500人〜999人　　1,000人以上

### 管理職として部下を持った年数は？

未選択　　1年未満　　1年〜3年　　3年〜5年　　5年〜10年　　10年〜20年

20年以上

### 日々の業務の報告先の役職は？

未選択　　一般社員　　主任/リーダー　　係長　　課長/マネージャー　　部長　　本部長

執行役員　　取締役　　社長　　会長　　その他

# 14 担当業務、役割、実績…任意でも書くべき

## 🕐 具体的な業務内容…2,000文字も書ける！

　ここは「担当業務、役割と実績を具体的に記載してください」とあり、2,000文字も許容します。

　一般的に「職歴」というと、ここの記述内容を指しますが、このメジャーな転職サイトは「任意」項目としています。

　おそらく、この項目に至るまでの深堀りした選択内容を見ればキャリアを把握できるからでしょう。それに加えて、応募者にとって、この欄を書くのはやはり容易ではないことが背景にあると筆者は分析しています。

　ただ、「任意」とはいえ書かないのはもったいないし、書類選考の通過率を上げるには、やはり書いておくべきです。

　とはいえ、白紙から2,000文字を埋めるのは至難の業です。

　転職サイトには、このサイトも含め、職種別に書き方の見本が用意されていることが多いです。まずはそうした見本をコピペして自分なりに編集していくというやり方が、作成の最短ルートです。

## OK! 👍 記入例

| | |
|---|---|
| ＜在籍期間＞ | 2020年10月〜2023年9月 |
| ＜配属＞ | 関東支社　浦和営業所 |
| ＜営業スタイル＞ | 新規営業20%　既存営業80% |
| ＜担当地域＞ | 埼玉県全域を担当 |
| ＜取引顧客数＞ | 50〜80社を担当 |
| ＜取引商品＞ | ＰＣ、サーバ、複合機、パッケージソフトなど |

<主な実績>
・2020年度：年間総売上 約6,000万円、平均予算達成率130%、
　　　　〇〇部の営業社員151名中19位
・2021年度：年間総売上 約5,500万円、平均予算達成率98%、
　　　　〇〇部の営業社員142名中48位
・2022年度：支社長賞を受賞

##  見本のコピペはリスキー

　ここで絶対に気を付けてほしいのは、「サンプルの丸ごとコピペ」です。これを編集せずにそっくりそのまま転記して使う若手が非常に多いのです。

　下記の実例を見てください。数字は変えているものの、文書や構成はそのままです。本来、オリジナルでなければならない実績や成果・評価なども転記したものがそのまま残っているのはNGです。

◇サンプルの一部

　他の大手転職サイトの「法人営業」のサンプルの一部です。

<主な実績>
新規獲得キャンペーン支社内で1位、全社でも上位の実績
引継ぎ無しの状態から1500万円の売り上げ実績
既存顧客への深耕開拓にも力を入れ、リピート率上位の実績

##  実際に作成した「具体的な業務内容」の一部

　若手の実際のWebレジュメの一部です。サンプルと、内容がほとんど変わっていないのが一目瞭然です。

<主な実績>
新規獲得キャンペーン支店内で3位（2021年度）、支社内でも上位の実績
引継ぎ無しの状態から300万円の売り上げ実績を記録
既存顧客への深耕開拓にも力を入れ、リピート率上位の実績

# 営業…「売れる人になりそう」と期待されるコツ

## 🌀 数字で実績を！

　営業と一言で言っても裾野は非常に広く、相手が法人か個人か、営業スタイルが固定客深耕型か新規開拓型か、その商品の違いなど、それぞれに特性が異なります。

　しかしすべてに共通するのは「売ってナンボ」、「数字至上主義」ということです。話すのがうまくても、物知りで話題が豊富でも、売らなければ営業社員としての価値はありません。採用人事が「この人なら確実に数字を叩き出せる」、あるいは「若いのでまだこれからだが、伸びそうだ」と、きちんと感じてもらえるWebレジュメにしなければなりません。

　そのためには、

---

「営業エリア」、「扱った商品」、「顧客層」、「営業スタイル」、「ノルマ数字」、「達成実績」、「表彰歴」

---

　などを適宜バランスよく盛り込むのは必須です。

## 🌀「実績なんてない」という人は？

　若手ゆえに、ＰＲできるほどの実績を残せていない人もたくさんいるでしょう。しかし、たとえば「2023年度上期：目標3,000万円に対し売上実績1,500万円、達成率50％」といったように、実績らしい実績がなくても、数字で表現できるものは明記しておきましょう。

　というのも、その目標が高すぎたためなのか、本人の能力不足なのか、その未達の要因なんて採用人事にはわからないからです。

　また、書くことがないからと「ノルマを達成するためには、まずは行動！と

肝に銘じて、訪問回数を意識しました」といった定性的な表現だと採用人事には響きません。「訪問件数：約30件/日」と**定量的な表現に置き換えれば訴求力がアップします。常に数字を意識して書いてください。**

## 🌀 売るものが違う場合は「共通点」を！

扱う商品が違う場合は、商品の特性や営業方法を細かく説明するより、たとえば「高額商品」や「個人向け営業」という共通点を見出して書き出した方が採用人事にもわかりやすいです。

実績数字を表すことは最も重要ですが、**チームの成績を、自分一人の実績のように書くのはNGです。**
また、就活時代にも注意された、いわゆる「盛る」ですが、バレないだろうと、達成率を50％→102％等と**改ざんするのは絶対NG**です。

## 🌀 実例で解説

> 25歳男性。大学卒業から約3年間、新築住宅営業に従事。今回も同じ新築住宅営業職への応募。

### ここに要注意！

❶ ＜職務要約＞
　大学、研修の内容や自身のモットーなどは不要。コンパクトに。

❷ ＜担当業務＞
　文書でダラダラとでなく、箇条書きを駆使して見やすさを重視。

❸ ＜主な実績＞
　大したものでなくても、残してきた実績数字は可能な限り掲載。
　※＜ポイント＞や＜取り組みと成果＞といった記入例があるため、つい抒情的な内容（「こう頑張った」、「その結果、〇〇を実現」等）を書きがちだが、抒情的で訴求力が落ちるので、項目自体を省いても良い。

 **残念な例**

<職務要約>
大学では労働法を専攻し、主に労働者派遣法改正時の政治的・社会的背景を研究しておりました。同学卒業後の2020年4月にはパラス住宅株式会社に新卒入社しまして、3カ月の新人研修でビジネスマナーや営業の基礎知識を習得しました。研修後の2020年7月に浦和営業所に配属になり、建売住宅の営業に従事しており、お客様の目線に立った、親切丁寧な対応に努めています。

<所属>
浦和営業所

<担当業務>
不動産サイトから資料請求があった見込み客に対して、電話やメールでアプローチし、アポ取りを行います。アポが取れたお客様に対し、対象住宅の現地案内並びに説明を随時実施し、気に入っていただいた際には購入依頼書や売買の契約締結書案の作成まで行っております。

<ポイント>
「家という一生に一度の高額商品を売るのだから、自分の都合よりも徹底的に相手に寄り添え！」との先輩からのアドバイスを受け、特に2年目以降はこれを強く意識することにより、徐々にですが売上に繋げることができました。

<主な実績>
社長賞やトップセールスといった誇るべき実績は残せていませんが、お客様から説明がわかりやすいとの評価を何度か受けたことがあります。

## OK! 👍 面接に呼びたくなる例

<職務要約>
大学卒業後の2020年4月にパラス住宅株式会社に新卒入社。
浦和営業所にて建売戸建て住宅の営業に従事。現在までの約3年間で成約件数は延べ32軒、昨年度は目標に対して93%、所内売上で中の上に位置しております。

<所属>
浦和営業所(所長を含め営業社員13名在籍)

<担当業務>建売戸建て住宅の営業
・担当工程:アポ、現地案内、物件・設備説明、見積提案、ローン相談、申込書作成、売買契約書作成等
・担当エリア:さいたま市全域
・価格帯:3000万円〜5000万円
・営業スタイル:反響営業90%、紹介営業10%
・目標数字:16棟/年(2023年度)

<主な実績>
・2022年度:目標14棟/年に対し13棟(達成率93%)
・2021年度:目標10棟/年に対し5棟(達成率50%)

👉 point

・メジャーな転職サイトのように「職務要約」の項目自体がない場合は、最初に設けておくやり方を推奨。
・抒情的な表現は極力控えて、事実を淡々と同じリズムで展開しておく。
・定性的よりも定量的な表現に。

# 事務職…すごい実績はなくてもアピールできる！

## ◯ すごいスキルや経験がない人こそ、工夫が必要

事務職という特性からか、「自分には何ら特別なスキルや経験もないし、何をどう書いていいのかわからない」という相談を筆者はよく受けます。

確かに受け身の業務ですし、業績を数字で表しにくい職種ですから、うまく表現しづらい気持ちはよくわかります。

・業務フローの見直し・改善を企画・立案し実現させた
・業務ソフトの導入を図り、業務効率を約20%向上させた
・新入社員の育成担当で延べ10人の社員を育てた

といった輝かしい実績があれば、そのまま書けばいいでしょう。

しかし、大半の人はこうした実績はありません。この場合は、若手ゆえの「積極性・確実性」をＰＲするようにしましょう。

たとえば、「面倒な雑務でも自ら進んで取り組み、間違いなく遂行する」といった感じです。

## ◯ 地味でも凡庸でも「売り」はある！

その他、電話やメール対応、来客応対、データ入力、書類作成といったＰＣ作業、ＤＭ作成、ホームページ制作・更新などのマーケティング業務に携わったなど、自身が経験してきた業務の幅広さをＰＲするのも非常に有効です。

その企業独自の業務で説明が難しいものは別として、たとえば一般的な事務職の仕事の一環である「電話対応」は、そのまま書けば事務職の世界では間違いなく通じます。

レジュメ作成時にはこれだけで終わらず、「１日100件もの電話応対をしていた」といった定量的な表現や、電話の内容、たとえば「ハードクレームが大

半を占めた」などの詳細を書くのも重要になってきます。

　次頁の実例のように、長年培ってきたファイリング、整理整頓力を自分の一番の売りにして、ともすると凡庸になりがちな事務職のレジュメの中で、自身の特色を鮮明に出すのも非常に効果的です。

## 🎵 実例で解説

> 専門学校卒業後、約8年4カ月間、4社にて一貫して事務業務に従事してきた30歳女性。今回は同じく一般事務職への応募。

### ここがポイント！

❶ ＜職務要約＞
・8年超で4社と転職が多いため、「一気通貫記述法」を用いて、コンパクトにまとめる。
　後半に自身の強みを盛り込み、採用人事が最初に目にするこの項目で、先回りしてＰＲしておく。

❷ ＜職位＞
・メジャーな転職サイトのように、ポジションを選択する項目がなければ、書いておく。

❸ ＜業務内容＞
・タイトルの横に概要を、その下に詳細を書くという記述方法も有効。
・見積書・納品書・請求書の作成・発送（約1,000件／月）」というように、大量の処理件数の経験があれば盛り込み業務処理能力をＰＲするのは効果的。

❹ ＜主な実績＞
・事務職ゆえどうしても定性的な表現になるが、しっかりＰＲする。

 **OK** 事務職の例

<職務要約>

専門学校卒業後から現在まで5社で勤務を経験し、約8年超の間、一貫して事務業務に従事。

特に現職では大きなミスをしたこともなく、また元々几帳面で真面目な性格ゆえに、事務処理の正確さと迅速さは私の最大の長所です。また整理整頓が大の得意で、書類やデータ、ファイルなどを見やすく、わかりやすくする技術には長けております。

<配属>営業本部　通信サービス本部

<職位>主任

<業務内容>営業事務並びに一般事務に従事
・見積書・納品書・請求書の作成・発送（約1,000件/月）、発注電話対応
・顧客管理、工事管理、資材在庫管理
・電子ファイリング

<主な実績>
・膨大なデータを整理するファイリング技術を体得
・効率性を重視しながらも、業務上で絶対にミスしない正確さを培った

# UP! 17 店舗販売職…数字と ノウハウを堂々とアピール

## 数字で販売力をPR

　店舗販売職も営業職と同じように、ご自身が売ってきた販売の**数字を表す**ことで、「販売力」を明確にPRできます。

　勤務していた店舗の立地や規模、商品ラインナップ等、本人の努力だけではどうしようもない部分があるのは事実ですが、誇るべき数字があれば、それをどんどん盛り込めばいいのです。


　販売実績が乏しいなら、

・少人数で店舗を切り盛りした経験
・アルバイトや後輩社員のシフト管理
・人材育成の経験

など、PRできることを探してみましょう。


　店長やマネジャー的立場に就いた経験があれば、

・売り場のレイアウトの創意工夫や売れ筋をつかむスキル
・余剰在庫を出さない適量の仕入管理、セールの実施

など、日常業務の中で店舗販売職に必要なノウハウは体得しているはずです。謙遜したり自身を過小評価せず、これらをしっかり書くべきです。

## 「イメージを抱かせる」ができれば勝ち

　次頁の実例のように、項目の中では「自身が扱った商品・ブランド」、「店舗名」、「ポジション」、「業務内容」、「販売実績」などを端的に書いて、採用人事に

**応募先企業の店舗で働くイメージを抱かせる。**これが最も重要です。

　それを踏まえた上で、「販売ノウハウ」や「店舗マネジメントスキル」、「人材育成力」については、培った経験が個々に違うため、いろいろなやり方があっていいわけですから、ご自身の独自性や取り組み姿勢などを、自由に表現できる「自己ＰＲ」欄を用いて語ると、訴求力が高まります。

## 💿 実例で解説

> 31歳男性。大学卒業後、約11年間ファストファッションの製造・販売を手掛ける企業１社にて店舗販売業務に従事してきた。
> 今回は外資系老舗ブランドの製造・販売を行う企業の店舗販売職（店長候補）への応募。

### ここがポイント！

**❶ ＜職務要約＞**
・ここも入れておく。書き方は、新卒入社以来１社に継続勤務中なので、「年代順」を採用。応募者が契約社員からスタートして現在のマネジャーポジションに昇進していく様子も、時系列で追うことでわかりやすくなる。

**❷ ＜配属＞**
・「渋谷店」とだけ書くのではなく、（大型旗艦店）とフォローしておくのは効果的。

**❸ ＜職位＞**
・ポジションだけでなく、部下の人数を書いておくと効果的。

**❹ ＜業務内容＞**
・タイトルの横に概要を、その下に詳細を書くのも有効。

**❺ ＜主な実績＞や＜ポイント＞**
・＜業務内容＞でボリュームが増えたので、あえてこうした項目を立てないやり方も「あり」。

## OK! 店舗販売職の例

<職務要約>
専門学校卒業後の2012年4月に株式会社ラックスジャパンに新卒入社。契約社員からスタートして正社員、キッズ部門マネジャー、レディース部門マネジャーと着実にステップアップ。現在は都内旗艦店の一つである渋谷店で、部門マネジメント業務全般に従事中。

<配属>渋谷店（大型旗艦店）

<職位>キッズ部門マネジャー（部下15名）

<業務内容>店舗マネジメント全般として下記業務に従事
・発注業務（洋服、靴、小物）週1回
・納品作業の管理監督（週2回 月曜、金曜）
・売上管理（予算達成のプロセス、分析、検証）
・フランス本社とのコミュニケーション
・売り場VMD（コーディネーションの統括）
・アルバイト管理（育成、接客指導、評価、モチベーションアップ）
・アルバイトの面接、採用（月20名程度）
・シフト作成（仏国本部より指定の労働時間内に収まるよう調整）
・クレーム対応（カスタマーサービス全般）

# 技術職…「応募先にマッチしている」を伝える

## ♪ 具体的に書けばすぐ伝わる

　「技術職」と大きくくくりで表現していますが、専門領域は電気、自動車、機械、化学、医療、ＩＴなど多岐にわたります。

　また、ここでは研究開発から製品開発、品質管理、製造技術・生産技術、生産管理といったすべての工程業務を包含しているので、すべてに共通した書き方を説明します。

　技術職は他の職種と比べて、専門性と実務経験が最も重視される職種であるのは言うまでもありません。

　なので、まず**求人情報の「必須条件」をきちんと満たしていることが最低条件**となります。この年代の技術職であれば、「同業種・同職種」への転職が大半を占めますから、限定された専門技術の業界内での人事異動的要素が強いと言えます。

　だから、どの企業のどの部署で、どのような業務に従事していたかというシンプルな職歴情報だけでも、採用人事はその応募者の力を即座に見極めることができます。

　それなので、職務経歴書を書く場合は、**応募職種で日常使っている専門用語や技術内容を適宜盛り込みつつ、携わってきた業務内容を具体的に書く**。これが最大のポイントです。

## ♪ 見やすさ、わかりやすさも重要

　また応募企業にとっては、応募者の今までの取り組みや技術成果もさることながら、**社内においてどの分野・どの領域の技術業務を任せることができるか**もしっかりと把握したいと考えています。

　この職種は、その専門性・特殊性から、職務経歴書という限られた書面の中

で表現するのは非常に難しいと言えます。

　だからこそ、一目で採用人事がチェックできるよう、次頁の実例のように、**あまり細かくならないレベルで、要素技術や担当工程、役割・職位・ポジションなどをレイアウトを意識して読みやすく書く**ことが非常に重要です。

## ♪ ライバルに勝つため、他にも触れておく

　最後に、「必須条件」だけでなく、「歓迎条件」や「求める人物像」にも目を向けてください。

　たとえば、「求める人物像」に「生産性向上に関する経験がある方」とあったら、次頁の実例のように、＜ポイント＞欄を使ってＰＲしておけばさらに訴求力は向上します。

## ♪ 実例で解説

> 29歳男性。高等専門学校を卒業後、2社の工場で生産技術業務に従事してきた。今回は同じく生産管理のマネジャー候補職への応募。

### ここがポイント！

❶＜職務要約＞
　社内異動が複数あるので、ボリュームを抑えるため＜職務要約＞を省くのも「あり」。
❷複数の部署を経験している場合、期間と配属をセットにして、同じ構成、ピッチで書いていく。
❸＜業務内容＞は、あえてシンプルに。
❹その代わり＜ポイント＞で、わかりづらい内容を文書化して説明しておくというやり方も有効。

**OK!** 技術職の例

・2015年4月～2019年10月
＜配属＞須賀川工場　生産部　成形部門
＜職位＞一般社員→班長
＜業務内容＞ライン成形機オペレーション
＜ポイント＞後半、班長として、現場管理（生産進捗、金型交換・メンテナンス、条件設定）に従事し現場の管理業務の基礎を学ぶことができた。

・2019年11月～2021年10月
＜配属＞勝浦工場　生産部　ＴＰＥ射出成形部門
＜職位＞課長代理（サブリーダー）
＜業務内容＞現場管理業務（品質、生産計画・進捗、金型、新規品立ち上げ、労務、改善、ＩＳＯ、会議報告）
＜ポイント＞課長代理（サブリーダー職）に昇進し、部門内マネジメント（上記に合わせ原価管理、部門内収支、ＱＣサークルアドバイザー）など、より高度な管理業務に従事し、部門全体を見渡せるようになった。

・2021年11月～現在
＜配属＞京浜工場　生産部　精密成形部門
＜職位＞課長代理（サブリーダー）
＜業務内容＞部門内マネジメントのサポート業務全般
＜ポイント＞原材料高騰等による業績悪化の中、部門内立て直しのため着任した部長をサポートする中で、生産性向上策や効率化・合理化のノウハウを体得できた。

Part **3**

（Ｗｅｂレジュメ）転職サイト・エージェントにササる伝え方

# UP! 19 SE…応募先に合うPJは 詳細を、他はまとめる

## ♪ ボリュームコントロールが重要

　ＳＥ職も技術職と同じくすそ野が広いのですが、共通した書き方を説明します。

　ＳＥ職はプロジェクト単位で仕事をすることが多いです。たとえば人員が足りないからと数カ月単位のプロジェクトに駆り出された経験が複数あると、オーバーフローします。

　たとえば下記のプロジェクトを経験していたとします。プロジェクトごとに関わった期間、職位、担当工程、開発言語等を書くと膨大な量になります。

---

◇経験プロジェクト
・通信販売業：決済システム
・製造業：物流管理システム
・製造業：倉庫管理システム
・製造業：生産管理システム
・小売業：販売管理システム
・サービス業：人事労務システム

---

---

・2015年4月〜2016年3月　通信販売業：電子決済システムプロジェクト
＜概要＞既存の自社ＥＣサイトに電子決済機能を追加するＰＪ
　　　　（メンバー10名）
＜職位＞チームリーダー
＜担当工程＞仕様分析、要求定義、基本設定
＜開発環境＞Oracle、SAP
＜ポイント＞〜

---

```
・2016年5月～2016年12月　製造業：物流管理システム
～
```

　このように同じピッチ、構成で書き綴っていくと、とんでもないボリュームになること必至です。

　そこで、**応募先にマッチした代表的なプロジェクトを選んで、その詳細を書きつつ、その他の経験プロジェクトは項目を立ててまとめるやり方**を推奨します。なお、若手でもプロジェクトマネジャー（ＰＭ）、プロジェクトリーダー（ＰＬ）といった、プロジェクトを牽引してきた経験や実績があれば、売りになります。もらさず書いてＰＲしてください。

## 実例で解説

> 30歳女性。新卒入社した１社でシステム開発に従事してきて、今回は製造業のシステム開発に特化した会社への転職を検討中。

### ここがポイント！

❶ ＜職務要約＞
　製造業の経験が長いことをアピールしておくのは有効。
❷ ＜主な担当プロジェクト＞
　ボリュームコントロールのために、応募先に合ったプロジェクトをピックアップして、その詳細を書いておく。
❸ ＜その他の経験プロジェクト＞
　経験プロジェクトが３つ程度なら❷のように全て詳細に書いても良いが、それを超える場合はあえて詳細を書かず羅列しておく。

# OK! 👍 SE職の例

・2014年4月〜現在

<職務要約>

新卒入社した現社のシステム開発本部にて様々なシステム開発に従事。工程も上流から実装・運用まで一通り経験。中でも製造業の開発経験が長く、のべ7年超の3つのプロジェクトにて、チームリーダーを担当しておりました。

<配属>システム開発本部

<職位>チームリーダー（2018年4月〜）

<担当業務>

・業務分析

・要件定義

・基本設計

・詳細設計

・コーディング

・システムテスト（単体・結合）

・導入・運用

<主な担当プロジェクト>

・製造業：生産管理システム（2018年1月〜2020年3月）

・概要：生産計画、生産、販売、在庫、原価計算を統合的に管理するための食品会社の新規システム開発

・プロジェクト規模：15名

・役割：チームリーダー（メンバー3名）

・担当業務：要件定義、設計・開発、チーム進捗管理

・開発環境：UNIX、Java、Oracle

<その他の経験プロジェクト>

・通信販売業：決済システム

・製造業：物流管理システム

・製造業：倉庫管理システム

・製造業：生産管理システム

・小売業：販売管理システム

・サービス業：人事労務システム

# 経理…求人情報と かみ合っているかをチェック

## 求人情報をしっかり読もう！

　一言で経理と言っても、仕訳が切れる、入出金データの取りまとめができるといった補助的レベルから、財務諸表の作成、税務署対応、財務戦略企画立案といった高度な業務まで幅広いため、会社から求められるレベルを把握しておく必要があります。

　応募者に大企業での連結決算や有価証券報告書作成、国際会計基準対応などの高度な経験があるなら、充分に誇っていいのは間違いありません。しかし、求人情報の業務内容欄に「月次・年次決算業務（勘定奉行を使用）が主業務で、申告書は税理士事務所が作成します」と掲載している中小企業に対して、この高度な専門性を一生懸命ＰＲしても的外れ。中小企業なら、伝票入力から月次、年次決算といった経理業務全般から、融資調整・交渉、事業計画書作成や予実管理などの方がＰＲすべき内容に適していると言えます。

## 訴求ポイントを見つける

　また、経理なのか財務なのか、両方なのかが混在していたり、「経理・総務マネジャー候補募集」と、**経理がメインだが他職種の役割も果たさなければならない求人もあります。**こうした求人ならば、どこに訴求ポイントを持っていくかを見極めて、それに合わせて記述するのが、一番のポイントです。

## 事実をもらさず

　「仕訳入力」や「売掛金管理」というタームは、経理パーソンなら詳細の説明がなくてもすぐわかります。したがって、**自身が関わった業務をもらさずに書き出す**ことに尽きます。

　また、**操作経験のある経理システム**を書いておけば、応募先がそれを使って

いれば「即戦力」と認められますので、絶対に書いておきましょう。

## 🎯 実例で解説

> 29歳男性。大学卒業後に新卒入社した中小メーカー1社で約7年間、経理を経験。今回は同じく中堅メーカーの経理マネジャー候補への応募。

### ここがポイント！

❶ ＜業務内容＞
　詳細を箇条書きで羅列しておけば、対応できる範囲が明確になる。
❷ ＜主な実績＞
　箇条書きが多くを占め、経理ということで抑揚もなくなるためライバルと差がつきにくい。＜主な実績＞や＜ポイント＞といった項目を設けて、自身が取り組んだ内容を文書化しておくやり方も有効。

 **OK!** 経理の例

＜配属＞経理部　経理課（課員3名）

＜職位＞主任

＜業務内容＞社内の経理業務全般に従事
・伝票入力、現金管理、売掛金管理、買掛金管理、遅延報告
・年度決算伝票入力、決算書作成、法人税申告書作成、消費税申告書作成
・税務調査対応、会計監査対応（補助）
・会計システム（OBICXX）導入、債務管理システム（OBICXX）導入、会計システム（OBICXX）バージョンアップ対応
・月次決算伝票入力効率化（手入力⇒CSVファイル取込）、報告フォーマット統一
・課内勉強会講師（テーマ：インボイス）
＜主な実績＞
・新規システム導入効果により、締め日を2日短縮することに成功

# 人事…守備範囲の広さ・深さを意識して数値化

## 高度な実務経験があればPR！

　人事職も、採用から人材教育、配置、登用、評価、社内制度策定、退職など幅広い職種です。採用一つとっても、新卒、中途、グローバル採用などがあります。新卒採用でも高校生と大学生では対象年齢が違うだけでなく、採用手順や時期、ルールがまったく違うように、それぞれに深みがあります。

　**この守備範囲の広さ・深さの両面を意識して書くことが大事です。**

　さらに、給与計算や入社・退社手続きといった定型業務も人事職に含まれるケースもあります。たとえば採用選考では、最終決定者が50代の人事部長というケースが多く、年功序列的な要素の強い職種ではあります。一方でベンチャーやIT系だと若手が高度な人事業務を担っていることがあります。

　人材育成・社内研修や人事制度設計・運用、労務トラブルを予防する労務管理といった高度な人事業務の実務経験があれば、ぜひPRしてください。

## 定量化するコツ

　「人」に関わることなのですぐに結果が出ないことが多く、成果を定量化・数値化しにくいです。たとえば**採用人数や部下の数、担当した教育プログラムの受講人数**などを入れると、採用人事はイメージしやすくなります。

## 最近の情勢を踏まえた経験も

　求人情報に、リストラや給与カットといった人件費抑制策やトラブル社員、ブラック社員の教育指導、退職勧奨を主業務としてうたうケースはそうないでしょう。ただ、コロナ禍や原材料費高騰に加え、問題社員の言動に手を焼いている会社も多いので、若手もシビアな業務も担当しなければならない可能性があります。**これらの経験があれば、求人情報で明確に記載していない企業に**

対しても充分に売りにつながっていきます。ぜひ書きましょう。

## 実例で解説

28歳男性。大卒後新卒入社した1社で人事労務業務全般に従事。今回は食品メーカーの人事労務課長候補への応募。

### ここがポイント！

❶<業務内容>

経験した業務を箇条書きで羅列。数値化できるものは可能な限り書く。
明確でないものには数字の前に「約」を付けておけばOK。

❷<主な実績>

<業務内容>にある「リクルートチームマネジメント（メンバー5名）」の背景をここで説明しておくと、採用人事も納得するはず。

## OK! 👍 人事の例

<配属>管理部　人事労務課（課員4名）

<職位>課長補佐（2021年4月～）

<業務内容>人事労務業務全般に従事

・給与計算、社会保険・労働保険の各種手続き（対象約300名）

・労基署対応

・新卒採用（内定約5名、面接約250名/年）

・リクルートチームマネジメント（メンバー5名）

・（課内No.2として）就業規則、賃金規程、退職金規程、育児介護規程等の全面改訂

・ハラスメント窓口設置の準備、運用マニュアル作成

<主な実績>

・リクルーター制度を企画提案し、若手社員に予算と時間を持たせ、母校の後輩達に声掛けを実施、内定者数確保に貢献

## 🎵 応募先にマッチさせる

最も守備範囲が広い職種です。

庶務から株主総会運営、ISO取得などが典型ですが、現在では社内SE、人事、経理、法務を含む場合も多いです。

「社内で引き受け手のない業務はすべて総務」と言われるくらい、ますますオールラウンダーとしての力が求められるでしょう。

総務職の募集といっても、単に庶務や雑用ならアルバイトやパートで充分なので、転職希望者の豊富な経験とスキルを前面に出すことが大事です。

求人情報にある業務内容をしっかり読み解き、**入社したら何をしなければならないかを念頭に置く**必要があります。

たとえば必須条件として、

「◇総務・株式実務経験5年以上、◇取締役会、株主総会の運営経験、◇契約書作成及びリーガルチェックの経験」

とあり、自身に経験があれば、順番に沿って業務内容を記述すると、必須条件を十二分に満たしていることをPRできます。

## 🎵 求人情報が詳細ではない場合

**求人情報から必須条件等がはっきり見えにくい場合は、業界・企業研究をしっかりし、総務として何をすべきかという点から予測して書くしかありません。**

たとえば零細企業なら、総務だけでなく経理や人事の経験があれば、売りにつながるでしょうし、個人客向け事業を展開していればプライバシーマークの取得経験などが売りになるといった感じです。

## ♪ すべてを詳細に書かず、見やすさも追求

　多岐にわたる総務業務をもれなく詳細に書くとボリュームが多くなりすぎます。

　実例のように体言止めで端的に箇条書きにし、応募先企業の求めているものに沿って降順に配置するのがベストです。

## ♪ 実例で解説

> 32歳男性。大学卒業後から約10年間、バックオフィス業務を担当。今回は総務・法務マネジャー候補への応募。

### ここがポイント！

❶ ＜業務内容＞
　経験業務は削らず可能な限り盛り込みつつ、「株主総会といった株主対策や内部統制、ＩＳＯ、コンプライアンス対応」といった、応募先企業の求めるものを前面にＰＲするのは非常に有効。

❷ ＜ポイント＞
　ともすると無味乾燥的な事実の羅列という印象になりがちだが、ここで自身の取り組みや成果をサラッと入れておくのも効果的。

 総務の例

<配属>業務部　総務課（課員5名）

<職位>課長代理（2021年4月〜）

<業務内容>総務全般に従事

<業務内容>

・株主総会の準備・運営及び取締役会、社内会議の運営

・社内組織の改革、活性化計画の策定、社内年間行事計画

・年度報告書作成、半期報告書作成（人事総務関連）

・法務業務（著作権の取得・保全等）、コンプライアンス対応

・ISO業務（9001・14001・20000申請資料の作成）

・社内規定の制度・改廃（運営、管理）

・予算分析、調整・報告

・各種契約書の締結管理

・固定資産・リース資産管理

・官公庁との折衝・監査法人監査対応

・社有ビル営繕業務、社宅、寮の管理

<ポイント>

・課長代理昇進時に、全随時契約の見直しを実行。固定費に関しては約15％のコ
　ストダウンを実現することができた。

# コンサルタント
# …未経験でも！

## ♪ 経験はやはり強み

　一言でコンサルタント職と言っても、超エリートが集まる戦略系から会計や人事、システムといった業務特化系、メディカル専門といった業界特化系と様々なものがあります。当然のことながら、そのコンサルティングする領域の業務経験や業界知識が豊富にあることが必須です。

　仕事柄、その専門分野のコンサル経験があることが最優先されますが、コンサル経験がなくても、その専門分野の業務経験がある、もしくは若手なら未経験でも応募できる求人も数多くあります。

　ただやはり、経験があるのは強いです。その応募分野のコンサル経験があれば、基本的な作成方法で書くだけで充分、相手に実力を知らしめることができるでしょう。

## ♪ 未経験でも応募可能

　問題は未経験の場合です。下記は未経験歓迎の「営業コンサルタント」の求人情報の一部です。

＜学歴不問＞未経験歓迎！収入アップとワークライフバランス、両方にこだわりたい方／第2新卒歓迎

これまでのキャリアやスキルは一切問いません。
「仕事に対する前向きな姿勢」や「成長への意欲」といった人柄を重視していますので、未経験の方も積極的に採用中。

＜こんな人を歓迎します＞
■コンサルスキルを磨いて高収入を目指したい人

■独立、経営やコンサルティングに興味がある人

■長期的なキャリアを築きたい人

■チームメンバーと切磋琢磨しながら自身の成長につなげたい人

※営業の経験があれば、優遇します！

（営業の経験如何によっては責任者候補としての採用も検討します）

「○○分野のコンサル経験５年以上」といった必須条件がないので、応募のハードルは低いと言えます。

こうした未経験歓迎、未経験ＯＫの求人にアタックする場合、職務経歴はシンプルで良く、他の項目で「姿勢」や「意欲」をＰＲしておきます。

なお、営業の経験があれば優遇されるとのことなので、経験があるならしっかり書いておかなければなりません（次頁は、直近で営業を経験している人が上記に応募した実例です）。

さらに、コンサル職で要求される「コミュニケーション力」や「論理的思考力」、「リーダシップ」などがあれば盛り込んでおきましょう。

## 🌙 実例で解説

26歳男性。新卒入社した１社で主に融資営業を経験。今回は営業コンサルタント職への応募

### ここがポイント！

❶ ＜業務内容＞～＜主な実績＞

・部門ごとに同じピッチ、構成で書いておく。注目を浴びようと奇をてらう必要は全くない。

・ここは「姿勢」や「意欲」をＰＲする箇所ではないので、＜ポイント＞といった項目を打ち出して、無理に「目標達成のために、○○に意欲的に取り組んだ」のような記述は不要。

・2018年4月～2021年3月
＜配属＞
関東支社　大宮支店　リテール課

＜職位＞
一般社員

＜業務内容＞
個人富裕層向け融資並びに税務対策・金融資産運用提案営業に従事

＜営業スタイル＞
新規開拓30％、既存顧客70％

＜担当地域＞
さいたま市大宮区、西区、北区、見沼区

＜取引顧客＞
担当件数常時約50件
（地主・オーナー社長をはじめとする富裕層）

＜主な実績＞
2018年度：融資等実行高2億7千万円（達成率：98％）


・2021年4月～現在
＜配属＞
関東支社　浦和支店　法人課

＜職位＞
一般社員

＜業務内容＞
法人向け融資並びに融資先管理業務に従事

＜営業スタイル＞
既存顧客深耕100％

＜担当地域＞
さいたま市桜区、浦和区、南区、緑区

＜取引顧客＞
担当社数常時約20～30社

＜主な実績＞
2021年度上期：貸出金額通期平均残高10億円（達成率：108％）

# 学歴…「選択しない」はNG

## 🌀 学歴の入力方法

メジャーな転職サイトでは、学歴が入力項目の最後に配置されています。

ここは指示通り入力していくだけですが、最大のポイントは「卒業区分」です。

ここには「卒業・修了」、「卒業・修了見込み」、「中退」、「満期退学」と４つの選択肢があります。「私は大学を卒業していないから」と、選択しないのはNGです。

若手の場合、たとえば高学歴と言われる大学を中退していたとしても、その大学に入れた地頭の良さが評価される場合もあります。

また、最終学歴という指定もないため、「学歴を追加」というアイコンをクリックし、大学だけでなく高校の情報も表記しておくのも「あり」です。

---

| ⟨ | 学歴を編集 |
|---|---|

**学校種別**

4年制大学　　　　　∨

**学校名**

日本大学

**専攻** 任意

法学　　　　　∨

**卒業年月**

2019　　　∨ 年　　　3　　　∨ 月

**卒業区分**

卒業・修了　　　　　∨

---

## ◯）「一気に全部」でなくていい

ここまで、メジャーな転職サイトを例にとって、入力項目ごとに解説してきました。他と比べるとやはり最大規模かつ長年のバージョンアップを経てきたこともあり、採用人事が知りたい細部にまで配慮したしくみになっています。

成功転職のためには、まずこのWebレジュメを完成させなくてはなりません。

入力項目の多さに辟易する人もいるでしょうが、一気に全部ではなく、日々少しずつでも良いから、仕上げましょう。

これが後述する紙面版のレジュメにも生きてきます。

## ◯）転職サイトには便利な機能がいろいろ

「Webレジュメを、この企業には読まれたくない」といった要望に対応する「レジュメ非公開設定」などもあります。

さらに、企業や転職エージェントからのオファーをもらうための「オファー設定」、新着求人を受信する「配信設定」といった項目もあります。

転職サイトには、「Webレジュメを完成したら終わり」ではもったいないくらい、さまざまな機能があります。フル活用してください。

# 「細かいこと」を
# 鼻で笑っていると…

## 🌀「これくらい」が致命傷

最終面接で採否を決定するのは、経営陣クラスといった上位職位者が圧倒的多数です。

一般的には40代以上が占めるので、世代ギャップがあってしかるべきなのですが、採否の権限は向こう側が保有しています。

たとえば押印。

2020年11月から行政手続きにおいて原則廃止になりました。

40代以上というのは、もちろん人により差はありますが、この廃止までは「押印がない」はもちろんのこと、「印影が鮮明でない」、「捨印がない」といったはっきりしない理由で、すべてを突き返されてきた、いわば「ハンコ文化」で育ってきた人達です。

彼らは規範規律に厳しく、「これくらいの誤記、大丈夫だろう」は致命的になるケースもあるということを、重々理解しておいてください。

## 🌀「内容が伝われば良い」は
## 危険

応募書類において西暦と和暦が混在している、「ふりがな」とあるのにカタカナで表記してしまう、「ら」抜き言葉を連発する等は、若手とっては「本質に関係のない些細なこと」と映るかもしれません。しかし「内容がきちんと伝われば良いのでは?」という考えが全く通用しないシーンがあるのです。

## 🌀「働かないおじさん」問題

「働かないおじさん」という言葉が流行した時期がありました。

デジタルネイティブ世代の若手と違って、いまだにメールすら使えない、という「おじさん」を筆者も複数知っています。

皆さんの中にも、現(前)職場にそうした人がいて対象世代を軽んじているかもしれませんが、こと採用選考シーンではやめておきましょう。

繰り返しになりますが、あなたの採否の権限は向こう側、つまり40代以上が握っているからです。

## 🌀 細心の注意を払おう

もちろん、この世代に媚びようと言っているわけではありません。

些細なところまでチェックされることを念頭に置いて、応募書類を送る前に、時間が許す限り何度も読み返すことが大事です。

単純なことですが、やらない若手が多いので、ぜひ取り組んでください。

# 採用人事とは「落とせる人」

## 🌀 どんな人たち？

新卒就活時にOB・OGやリクルーター、面接官といった採用に関わる人々と接した経験がある人も多いでしょう。とはいえ、なかなかその正体がわかりづらいと思います。そこで採用人事の正体について触れましょう。

## 🌀 企業規模によりさまざま

一言で「採用人事」と言っても色々です。零細企業なら社長一人がその役割を担っていることも。

中堅企業以上の規模になると、書類選考、適性検査、1次、2次、最終面接といった工程があり、各工程で出てくる人が違うという企業が多数派です。

ここでは後者に絞って解説します。

## 🌀 要は「不採用にできる人」

端的に言うと、採用人事は「不採用にする権限を持っている人」と考えておいてください。

たとえば、既述のOB・OGやリクルーターはそうした権限を持っておらず、採用人事につなぐための単なる橋渡し役であるケースも多いです。

また、面接会場に同席している面接官といえども補助的な役割（スケジュール調整や会場への誘導等）しか任されていないケースもあります。

ただ、OB・OGやリクルーターでもそうした権限を持っている人の場合は、彼らとの面談で不採用にされる可能性があるので注意が必要です。

## 🌀 すべてに手を抜かない

一般的に面接選考で言うと、1次は一般社員クラス、2次は管理職クラス、最終は経営陣クラスと、職位の低い人から高い人の順で参画してきます。

決定力は職位の高い人の方が圧倒的に強いケースが多いです。

「1次面接で答えた内容は、2次面接の参画者にきちんと伝わっているか？」と聞かれることが多いのですが、これは会社によって様々です。事前情報を得ると、やはりバイアスがかかってしまうので、嫌う人も多いのです。

結論として、それぞれのプロセスにおいて、大きな権限を持っている人がいるか、誰がキーパーソンかといったことを見極めるのは容易ではありません。応募先企業の、関わる人すべてに対して決して手を抜かず、全力でぶつかっていくしかありません。

〔履歴書〕
# 「人事が知りたいこと」を押さえればOK!

──用紙選び、退職理由、自己PR、志望動機、希望給与額etc.──

## Part4

20代〜30代前半のための
転職「書類」
受かる書き方

# そもそも、履歴書に「ルール」ってある？

## 🎵 当たり前のことを当たり前に書く

これから解説する紙面版の履歴書、職務経歴書は、WordやExcelで作成するので、自由に入力できます。入力する文字、情報自体が非常に重い役割を担うことになります。ただ、履歴書にはそれぞれの記入枠が定義されているので、要はその項目に沿ってきちんと埋めていくだけなのです。

履歴書の書き方については書籍やネット上に情報が氾濫していて、かえって迷いが生じるケースがあります。「奇をてらわず、当たり前のことをきちんと正しく書く」がセオリーです。

たとえば、

・「㈱山下電機」と「株式会社山下電機」、どちらが適切か

・(同じことを繰り返す場合に)「〃」で良いか

──常識を備えた社会人なら、容易に判断がつくはずです。

## 🎵 3大クエスチョン

若手世代から筆者がよく聞かれる「3大クエスチョン」です。

| |
|---|
| 1) 西暦と和暦、どちらが正しい？ |
| 2) 学歴欄、いつまで遡ればいい？　高校？　中学？　小学校？ |
| 3) 職歴欄は、入社・退社以外の情報をどこまで書けばいい？ |

ここで履歴書の記入項目を整理すると、AとBの2つに分類できます。

Aは、正解が明確にあるケース。たとえば、前述の「略字を使わない」がこれです。Bは、基本的なルールはあるものの、個々によって記入方法が違うケース。たとえば、前述の「学歴欄の遡り」がこれです。諸説あります。

「小学校卒業からだろう」、「中学卒業から」、「高校卒業からで良いだろう」

「最終学歴欄しかない履歴書があるのだから大学卒業からで良いと聞いた」

…結論として、どこからでも間違いではありません。**PRとして効果的か**という点に焦点が当てられることになります。基本を押さえつつ、個々で適切に判断して、自分に合った書き方をしていくことが求められるのです。

## A：正解が明確にあるケースの例

| よくある質問 | 回答 |
|---|---|
| 「㈱」や「〃」など略字はOK？ | 言うまでもなくNG。<br>ビジネスマナーに当てはめて判断する。 |
| 西暦と和暦、どちらが良い？ | ・基本的に日系企業への応募の場合は和暦で統一。<br>・応募先の求人情報でどちらを使っているかをチェックし、合わせる方法も有効。<br>・西暦と和暦の混在は、絶対NG！ |

## B：基本的なルールはあるものの、個々により記入方法が違う例

| よくある質問 | 回答 |
|---|---|
| 学歴欄、いつまで遡って書けば良い？ | ・最終学歴しか記載できない履歴書を活用するケースも増えており、基本的にはどこから書いても可。<br>・転職回数や配置転換が少なく、学歴・職歴欄に空白が目立つ場合は、遡って書いた方が見栄えが良い。<br>・ローカル企業に応募する場合、地元で育ったことをPRできるため、地元の小学校まで遡って書くのが効果的なケースもある。 |
| 職歴欄は、入社・退社だけ書けば良い？ | ・入社・退社だけでも誤りではないが、スペースに余裕があれば、配属先や業務概要を盛り込む方がわかりやすくなる。<br>・ただし、履歴書にこれらを詳細に書くことで多くのスペースを使うと、読みづらかったり、転職回数が多いと誤解されるなど、マイナス印象になることも。 |

# 用紙選びで採否が決まる

## 🎣 自作のオリジナル履歴書はやめておこう

　応募先から直筆の履歴書の提出を要求されない限り、履歴書についてはパソコン作成一択です。

　パソコン作成版の履歴書は、2つのタイプに分類されます。

### ❶市販の履歴書フォームがそのままパソコン版になったもの

　各入力項目に必要事項を入力すると、自然に出来上がるタイプで、筆者推奨です。

　今はネット検索すると、無料でこの履歴書フォームを提供してくれるウェブサイトがたくさん見つかります。自分に合ったものを探してダウンロードして使用するといいでしょう。

　ただし、パソコンで操作できるものは、自分で枠を追加するなど、簡単にいろいろと改変できてしまうくらい自由度が高いため、編集しすぎるとかえってマイナスになることがありますから、注意が必要です。

　具体的に、下記のような残念なケースが実際に起きています。

---

・罫線がズレている
・行間の間隔が一定でない
・書きにくい欄自体を削除した結果、採用人事が知りたい肝心な情報が抜け落ちている
・フォントを小さくして情報量を増やした結果、読みづらい

---

### ❷職務経歴書のように、応募者がフォーム自体を自作するもの

　英文レジュメの作成経験がある人は、このタイプを使う傾向があります。

　しかし、筆者はこれを使うのは非常にリスクが高いと考えており、推奨して

いません。

　なぜなら、決まりごとに厳格で保守的な採用人事が、顔写真も貼らないといった、既存の履歴書とは全くタイプが異なるこの履歴書フォームを素直に受け入れてくれるとは限らないからです。

## 🌀「国や公共機関のものだからOK」とは限らない

　例えば厚生労働省が「新たな履歴書の様式例」というものを公開しています（124ページ参照）。2021年4月に公正な採用選考を行うことを目的として作成されたものです。

　性別欄が任意記載で、「通勤時間」「扶養家族数」「配偶者」「配偶者の扶養義務」などの項目が削除されています。

　これのベースは**JIS規格の履歴書ですが、実はこれはお勧めできません。**

　後述する弊社オリジナルの履歴書フォーム（122ページ参照）と比べていただきたいのですが、採用人事の知りたい情報が乏しすぎるのが、一番の理由です。

　他と差別化するための自由に記載できるスペースも乏しく、唯一のその項目のタイトルも、

> **志望の動機、特技、好きな学科、アピールポイントなど**

と汎用的であるため、もう社会人になっているのにわざわざ中学・高校時代にまで遡って「好きな学科：理科」などと書いてしまう笑えない事態も発生しています。

　「国や公共機関だから間違いないはず」ではなく、履歴書フォームは社会人に合った、転職者用のものを選択するようにしてください。

# 「使い回し」は絶対NG…
# プロはココで見抜く

## 🦢 使い回しは絶対NG！

　紙面版限定の話になりますが、転職活動に慣れていない人は、応募先から返送されてきた履歴書を「もったいないから」と再利用しようとします。

　これは絶対にNGです。**顔写真をはがして再利用するのもお勧めしません。応募先ごとに必ずゼロベースから作り直してください。**

　Webレジュメの章で「コピペに注意」と書きましたが、履歴書でも内容の「使い回し」が目立ちます。

　多くの企業に応募しないと、厳しい転職市場を勝ち抜けないのは採用人事も重々理解しています。しかし節操ないやみくもな大量応募をしていると、人を見るプロである採用人事には「使い回し」は簡単に見抜かれます。応募の手間ばかりかかり落選が続くという結果を招く無益な行為となりますので、絶対にやめましょう。

## 🦢 若手が犯しやすい「使い回し」例

　たとえば、不採用になった応募先と同じ業界、同じ職種に新しく応募する場合、「志望の動機」欄に同じことを書く人がいます。これでは採用人事の心にまったく響きません。「この人は、入れればどこでも良いのだろう」と見限られます。採用人事は、本音では「御社は私（応募者）にとってナンバーワンでありオンリーワンだ」という想いをきちんと伝えてほしいのです。

　「志望の動機」欄以外にも、たとえば

- ・「希望給与額」に「貴社規定に従います」
- ・「出社可能日」に「貴社の都合に合わせます」

と汎用的な内容のオンパレードだと、やはり使い回しとみなされるリスクが高まります。

　また「希望職種」が求人情報に掲載されている「応募職種」の表記と微妙に違っているケース。たとえば、「ライフプランナー」の募集に対して「ファイナンシャルプランナー」と書いてしまうといったケースです。

　「同じ意味でしょう？」と言いたくなるかもしれませんが、表記は間違っています。こういうところで疑われるわけです。

 ## 若手が陥りやすい使い回し事例集

| 項目 | 記載例と解説 |
|---|---|
| 志望の動機 | 「私は大学を卒業して以来、約7年間、住宅営業一筋で頑張って参りました。営業主任も経験しており、この経験を活かして貴社で一生懸命頑張りたいと思います」<br><br>↑住宅営業職であれば、どの企業でも当てはまるような内容だと「使い回し」とみなされる危険性大。必ず応募先に合ったオリジナルのものを作成しましょう。 |
| 希望職種 | 求人情報には「企画営業」や「コンサルティング営業」と書いてあるのに、使い回しの癖が出て「営業」とだけ書いてしまう。<br><br>↑求人情報を正しく把握していないと判断され、「当社に対する志望度が低く、大量応募している」と見なされる危険性大。 |
| 退職理由 | 「新卒入社後、法人営業で経験を積んできましたが、昨年末に本社管理部門への人事異動を命ぜられました。やはり私は法人営業を続けて行きたい気持ちが強く、この先も法人営業でのキャリアアップを目指したいと思い、新天地を探すべく前職を退職いたしました」<br><br>↑もし応募先が個人も営業対象としていたら、この退職理由は通用しなくなります。応募先の事業内容や今後の事業展開、応募職種の詳細等をきちんと調べておかないといけません。 |

# パソコン作成版の履歴書フォーム（弊社オリジナル）

## 履 歴 書

　　　　　　年　　　月　　　日現在

| | |
|---|---|
| ふりがな | |
| 氏 名 | |

写真を貼る位置

写真をはる必要が
ある場合
1 縦　36～40mm
　 横　24～30mm
2.本人単身胸から上

　　　　　年　　　月　　　日生（満　　　歳）　※男・女

| | | |
|---|---|---|
| ふりがな | | 携帯電話 |
| 現住所　〒 | | |

| | | |
|---|---|---|
| ふりがな | | メールアドレス |
| 連絡先　〒 | （現住所以外に連絡を希望する場合のみ記入） | |

| 年 | 月 | 学　　　歴 |
|---|---|---|
| | | |
| | | |
| | | |

| 年 | 月 | 職　　　歴 |
|---|---|---|
| | | |
| | | |
| | | |
| | | |
| | | |
| | | |
| | | |
| | | |
| | | |
| | | |
| | | |
| | | |
| | | |

| 年 | 月 | 賞　　罰 |
|---|---|---|
|  |  |  |
|  |  |  |

| 年 | 月 | 免　許　・　資　格　・　専　門　教　育 |
|---|---|---|
|  |  |  |
|  |  |  |
|  |  |  |
|  |  |  |
|  |  |  |
|  |  |  |

その他特記すべき事項

| 自己PR | 応募職種 |
|---|---|
|  | 希望勤務地 |
|  | 現在（前職）の給与額 |
|  | 希望給与額 |
| 転職理由（退職理由） | 出社可能日 |
|  | 趣味 |
| 志望動機 | 特技 |
|  | スポーツ |
|  | 健康状態 |

| 通信欄（特に給料・勤務時間・勤務地・その他についての希望などがあれば記入） | 通勤時間　　約　　　　時間　　　　分 |
|---|---|
|  | 扶養家族数（配偶者を除く）　　　　人 |
|  | 配偶者<br>※　有・無 / 配偶者の扶養義務<br>※　有・無 |

採用者側の記入欄（応募者は記入しないこと）

## 🎵 参考：厚労省「新たな履歴書の様式例」（筆者は推奨しません）

# 履　歴　書　　　　年　　月　　日現在

写真をはる位置

写真をはる必要が
ある場合
1. 縦
　　横
2. 本人単身胸から上
3. 裏面のりづけ

| ふりがな | |
|---|---|
| 氏　名 | |

| 年　　月　　日生　（満　　歳） | ※性別 |
|---|---|

| ふりがな | 電話 |
|---|---|
| 現住所　〒 | |

| ふりがな | 電話 |
|---|---|
| 連絡先　〒　　　　　　　　（現住所以外に連絡を希望する場合のみ記入） | |

| 年 | 月 | 学　歴・職　歴（各別にまとめて書く） |
|---|---|---|
| | | |
| | | |
| | | |
| | | |
| | | |
| | | |
| | | |
| | | |
| | | |
| | | |
| | | |
| | | |
| | | |
| | | |

※「性別」欄：記載は任意です。未記載とすることも可能です。

124

| 年 | 月 | 学 歴・職 歴（各別にまとめて書く） |
|---|---|---|
|  |  |  |
|  |  |  |
|  |  |  |
|  |  |  |
|  |  |  |
|  |  |  |
|  |  |  |

| 年 | 月 | 免 許・資 格 |
|---|---|---|
|  |  |  |
|  |  |  |
|  |  |  |
|  |  |  |
|  |  |  |

志望の動機、特技、好きな学科、アピールポイントなど

本人希望記入欄（特に給料・職種・勤務時間・勤務地・その他についての希望などがあれば記入）

〔履歴書〕「人事が知りたいこと」を押さえればＯＫ！

# 個人情報の、よくある記入ミス

## 🌀 一つの記載ミスも許されない

　個人情報欄は、事実を埋めていくだけ。きちんと書けるはずです。ただ、逆を言うと100％完璧に書けないとマイナス評価につながりますので油断は禁物。この年代が犯しやすいミスについて、項目ごとに解説していきます。

### ☑ 年月日

　まず一番上の年月日ですが、❶か❷かで迷う人もいます。

---

❶実際に書いた年月日　❷提出する年月日

---

　採用人事に着くタイミングまで数日程度で、大きくずれていなければどちらでもかまいません。問題なのは、後で書く学歴欄、職歴欄、免許・資格欄との表記の違い。「この年月日は和暦で書いたのに、学歴欄などは西暦で書いてある」という表記上の不一致を、採用人事は見逃しません。

　実際、かなりの確率でこの不一致が発生しています、つまらないところでマイナス印象を与えないように、必ず全てどちらかに統一してください。

### ☑ 氏名・性別

　氏名欄は「ふりがな」に要注意。「ふりがな」とあればひらがなで、「フリガナ」ならカタカナで、読み仮名を振ります。生年月日欄は、和暦・西暦の統一だけ意識してください。性別欄は片方を○で囲むだけです。

### ☑ 現住所・電話・メールアドレス

　現住所欄は、住民票に掲載されている正式な住所表記を書きます。たとえば

住所に「大字」が付く場合は省かずに住民票通りに書きます。

　「2-13-4-201」と略さず「2丁目13番地4号 川崎レジデンス201」と正式な表記を。マンション名等も略さず必ず住民票通りに記載します。現住所の「ふりがな」も忘れずに。記載もれが目立つところです。電話欄は携帯電話だけでOK。メールアドレスも連絡が取れるものを載せるだけです。

 ## 個人情報欄にミスがある記入例

❶ 2023 年 11 月 1 日現在

| ふりがな | ❷ヤマダ　イチロウ | | |
|---|---|---|---|
| 氏　名 | 山田　一郎 | | |
| ❶平成　7 年 7 月 2 日生（満 29 歳） | | ※ 男・女 | |
| ふりがな ❸ | | 携帯電話 | |
| 現住所 ❹〒　－　❺川崎市川崎区○○町 2-13-4-201 | | （090）1111-1111 | |
| ふりがな | | メールアドレス | |
| 連絡先　〒　（現住所以外に連絡を希望する場合のみ記入）❻ | | yamada1rou@～ | |

＜ここが間違い！＞

❶和暦・西暦は必ず統一する。

❷「ふりがな」と平仮名で表記されている場合は、カタカナで振らない。

❸ブランクのまま出すケースが見受けられるが、ここも必ず振る。

❹郵便番号を記載しないケースも見受けられるが、漏れのないように。

❺政令指定都市でも、都道府県から書く（神奈川県川崎市～）。

　省略はNG、必ず正式な住所表記（2丁目13番地4号）に。

　マンション名（川崎レジデンス201号）を省いたり略さない。

❻注釈をよく読む。希望しないならブランクのままにする。

# メールアドレス、学歴… どこまで遡る?

## ☑ 連絡先欄とメールアドレス

　現住所欄の真下にある連絡先欄。

　ここは、「現住所以外に連絡を希望する場合のみ記入」という注釈通り、たとえば「応募時点では都内に住所があるが、地方にある実家に帰省して転職活動する」といった場合に、実家などを記入します。

　弊社オリジナルの履歴書フォームには「メールアドレス」欄を設けています。これがない形式のものは、このスペースにメールアドレスを記載してください。

　メールアドレスについては、勤務先のものはもちろんNG。

　信頼性・信用性の観点からGmailやYahoo!メールなどのフリーメールは避けるべきと指南していた時期がありましたが、認知度のアップと品質向上もあり、今はこれらを転職活動で使用するのが主流となっています。

　なお、ここで一番注意しなければならないのは、メールアカウントです。

NG!

---

- ・sayumi-love@gmail.com
- ・violet-drug-star@yahoo.co.jp
- ・go-to-hell2018@hotmail.com

---

　プライベートでは良いのでしょうが、転職活動には似つかわしくない、上記のようなアカウント名を書くと、明らかにマイナス印象です。

　転職活動用にメールアカウントを新規取得するのも有効です。

☑ 学歴

どこまで遡るか。ポイントは下記の2つです。

> ・「売り」につながるか？
> ・「職歴」スペースが確保できるか？

地方新聞社のように、大学閥よりも高校閥がある業界もあります。

このようにローカル企業への応募で、地元の小学校・中学校・高等学校を卒業したことが「売り」につながる場合は、書くことをお勧めします。

一方、転職回数が多く、職歴欄の行数を確保しなければならない場合は、学歴と職歴の「売り」の強さを比べて、強い方にスペースを充てましょう。

なお、弊社の履歴書フォームは、学歴欄を3行しか確保していないため、下記のような表記になりますが、これが絶対のルールというわけではありません。

上記2つのポイントを押さえた上で、行数を増やして高校以前の学歴を書く、減らして最終学歴の卒業だけ書くなど、自由に編集してください。

| 年 | 月 | 学歴 |
|---|---|---|
| 2015 | 3 | 大阪府立泉光高等学校 普通科 卒業 |
| 2016 | 4 | 立志関大学 法学部 法律学科 入学 |
| 2020 | 3 | 立志関大学 法学部 法律学科 卒業 |

**point**

・大卒の場合、学部・学科まで詳細に書く。
・高卒の場合、普通科か商業科か等、専攻をきちんと書いておく。

## ⚡ ボリュームを適度に！

ここは採用人事が最も知りたいことの一つ。どの履歴書フォームも、この職歴欄のスペースは多くを確保してありますので、うまく表現して自身のPRにつなげる必要があります。

最大のポイントは、「適度なボリュームで自身の職歴の概要を伝える」です。たとえば1社しか勤務経験がない場合、入社・退社の2行だけでは余白が目立ちすぎます。情報が乏しすぎ、転職する意欲を感じられません。

一方、書きすぎるケースも。業務内容の詳細を長々と展開してしまうのが典型です。同じ内容が職務経歴書にも書いてある。採用人事に同じことを2度読ませるのはご法度です。

改善策ですが、採用人事はここで応募者の職歴のあらましを時系列で見たいのです。入社・退社だけでなく、配属先や業務概要、役職名などの大まかなポイントを書くようにします。度を越すと職務経歴書で書いた方がよいレベルになるので注意が必要です。要は、履歴書全体のバランスを見ながら、職務経歴書との整合性や連動性を意識して書くことです。

なお、転職回数が少ない等の場合、埋まらない余白は必ず出てきます。変に神経質にならなくても大丈夫です。余白を怖がる必要はありません。

## NG! ✋ 必要事項しか書かない例…少なすぎ！

| 年 | 月 | 職歴 |
|------|------|------|
| 2014 | 4 | R&G株式会社 入社 |
| 2023 | 3 | R&G株式会社 退社 |
| | | 以上 |

10年も勤務しているのに、これではあまりにも情報が少なすぎ、一体どのような業務を、どこで、どのような立場で携わってきたのか、わかりません。

## NG! さすがにこれは詳細に書きすぎ!

| 年 | 月 | 職歴 |
|---|---|---|
| 2014 | 4 | R&G 株式会社 入社 |
| | | 事業内容:通信機器の製造・販売　資本金:1億円　従業員数約2,000人 |
| | | 入社して半年間は、新人支店研修として、新宿、池袋、品川支店で営業 |
| | | 補助業務に従事 |
| 2016 | 10 | 東京本社 通信機器営業部 第一営業課に配属 |
| | | 新宿、渋谷区、目黒区を営業エリアに持つ第一営業課にて、当時主力製品 |
| | | であったモデムの営業に従事 |
| | | 営業スタイル:新規開拓9割:既存深耕1割 |
| 2018 | 4 | 埼玉支社 通信機器営業部 第三営業課に異動 |
| | | 埼玉県下を営業エリアに持つ第三営業課にて、主に業務用パソコンや |
| | | LAN関連製品の営業に従事 |
| | | 営業スタイル:新規開拓5割:既存深耕5割 |
| 2019 | 4 | 支社長表彰授与(前年度の目標達成率157%が評価されたため) |
| 2020 | 4 | 営業課長に昇格 |
| 2021 | 9 | 東海支社 ネットワーク本部 カスタマーセンターに異動 |
| | | 当社で販売した製品の故障受付やクレーム対応を行う部署にて1日約 |
| | | 50本の電話対応を行う |
| 2022 | 3 | R&G 株式会社 退社 |

これはさすがに多すぎるレベルです。

訴求ポイントも見えづらく、読み手に負担がかかる典型例です。

# 職歴②…「退職理由」に「倒産」「パワハラ」は書く？

**UP! 7**

## 退職理由は100%チェックされる

この世代の転職で必ず厳しくチェックされるのが、退職理由の妥当性、正当性です。

たとえば現在31歳の人が8年前、23歳のときにわがままから自己都合退職を1度していたとしても「若気の至り」で済まされるでしょう。

しかし、転職回数が多かったり、直近の数年間にわがままな辞め方をしていると、やはり悪印象です。

「転職回数が多い」とは、おおむね「**3回以上**」は多いと考えてください。採用人事はそう見ます。

したがって、単に「〇〇株式会社 退社」ではなく、**先回りして理由に触れておくことが大切です。**

たとえば、「同社倒産による会社都合退職」とあれば、本人の力では到底及ばない不可抗力だったことが明確に伝わります。

**人間関係が嫌になって自ら退職した場合は、「一身上の都合による退職」と、サラリと触れておくレベルにとどめておきましょう。**

「人間関係の悪さや給与の安さ、休みのなさなどが退職要因となった」と本音や事実を書きたくなる気持ちはわかりますが、マイナス評価につながったり誤解を招きかねません。こういう事由は、サラリと書いておきます。

一方、「勤務していた事業所や工場の廃止・撤退で代替勤務地が示されない」など100%会社都合によるものや、「部署ごと海外に全面移転することが決定したが海外赴任できず自ら退社した」といった事由であれば、誰もがやむをえないと認めるものなので、できるだけ具体的に書いておくのが最善です。

## 情報が足りず、退職理由がわからない

| 年 | 月 | 職歴 |
|---|---|---|
| 2013 | 4 | コムウェア株式会社 入社 |
| | | 〜 |
| 2023 | 3 | コムウェア株式会社 退社 |

 ## 誰が見てもやむをえない場合

| 年 | 月 | 職歴 |
|---|---|---|
| 2013 | 4 | コムウェア株式会社 入社 |
| | | 〜 |
| 2023 | 3 | 同社倒産による会社都合退職 |

 ## 本音や事実をそのまま伝えると不利な場合

| 年 | 月 | 職歴 |
|---|---|---|
| 2013 | 4 | コムウェア株式会社 入社 |
| | | 〜 |
| 2023 | 3 | 一身上の都合による退職 |

## 🕐 「賞罰」…定義を知って書く

　「賞」とは、受賞歴や表彰歴、「罰」とは、刑法犯罪での有罪歴です。いずれも「なし」という人が圧倒的多数です。

　「賞」は全国レベルや官公庁からの表彰など、誰もが見て「すごい」とわかるものを書きます。**「社長賞受賞」は、すごさがわからないので、書いてはいけないレベルです。**

　「罰」は刑事罰なので、スピード違反や駐車違反は書く必要がありませんが、**酒気帯び運転等、いわゆる「赤切符」は書く必要があります。**

　なお、弊社の履歴書フォームには枠を設けていますが、必須事項ではないので、枠ごと削除するのも一手です。

## 🌙 免許・資格・専門教育

　注意点は２つ。

---

1）取得した免許・資格が応募先の応募職種にマッチしているか？
2）まだ取得していないのに、取り組みをPRしようとしていないか？

---

　1）について、取得した資格を全部並べる人がいますが、マイナスです。

　たとえば電子部品メーカーの経理職に応募するのに、「宅建」を書くと、「（メーカーでなく）不動産業界志望なの？」と斜めに見られる危険性があります。

　経理職応募の場合、税理士試験の科目合格を高らかにうたう人がいますが、士業といった独立系資格の場合、「独立開業がゴールで、当社の経理職への就職は腰かけ？」と見なされる場合があります。

　このように応募職種に**マッチしている資格を保有していたとしても、表現**

を工夫しなければならないケースがあるのです。


　2）は「今年9月の○○資格試験の合格目指して学習中」と書いてしまうケース。

　資格・免許を保有しておらず、この欄が寂しいからこのように書くケースが見受けられますが、取得が本当に可能なのか、よく見極めて書かないと非常に危険です。**採用されたのに取得できなかった場合、「ハッタリだった」と、人事評価に悪影響を与えるのは必至です。**

　空白を怖がってはいけません。若手ですので、「ないものはない」でかまわないのです。

 **NG!** 若手が犯しやすいミス例（経理職に応募する場合）

| 年 | 月 | 免許・資格・専門教育 |
|---|---|---|
| 2015 | 4 | 弓道弐段 取得　※❶ |
| 2019 | 3 | 日商簿記検定4級 取得　※❷ |
| 2020 | 3 | 日商簿記検定3級 取得　※❷ |
| 2022 | 4 | 財務管理アドバイザー資格 取得　※❸ |
| 2023 | 5 | TOEIC 公開テスト スコア450点取得　※❹ |
|  |  | ～ |
| その他特記すべき事項<br>6月に実施される日商簿記検定1級合格を目指して、現在勉強中　※❺ | | |


### ＜「書く・書かない」の判断ポイント＞

❶ 弓道の段位取得が経理職に役立つか否か。

❷ 簿記は経理職にマッチしていますが、「この年代で3級以下のレベルのものが売りにつながるか？」という視点で考える。

❸ 知名度の低い民間資格を書くと、不信感を持たれかねない。

❹ TOEICスコアを書く場合、600点以上が一つの目安。

❺ 学習中のものを特記事項欄に書いてもかまいませんが、「必ず合格することが求められる」ということを忘れないように。

**Part 4** 〔履歴書〕「人事が知りたいこと」を押さえればOK！

## 🕹 採否を左右する、最も重要な欄の一つ

退職理由は、100%聞かれます。

採用人事が最も知っておきたい項目の一つであるのは、すでにふれた通りです。ここの記述が履歴書選考の合否を左右するといっても過言ではないほど重要です。

前職を退職した理由(在職中であれば現職を退職しなければならない理由)を書きます。

弊社の履歴書フォームでは150文字くらい書けるスペースがあります。

他のものでもそれなりにきちんと書けるスペースが確保されています。

具体的かつ納得性の高い退職理由を書くことが求められます。

もちろん、ブランクのままはNG。

また、「さらなるキャリアアップを目指すため退職を決意しました」的な抽象的足なものもNGです。

言うまでもないことですが、前職の不平不満や誹謗中傷、恨み節といったネガティブワードのオンパレードでないことが大前提です。

ネガティブな社員はどの職場でも迷惑千万な存在で、そうした気配を感じさせる人材は採用したくないのが採用人事の本音だからです。

 例1

前職では入社以来、約8年間営業一筋でしたが、昨年末に市場調査部門への異動を打診されました。私はこの先も営業にキャリアの軸を置きたい旨を申し出

ましたが、異動の方針は変わらず、最低3年は営業には戻れないとのことでした。営業職としてのブランクを空けたくない想いから、新天地を探すべく、人事異動発令前に退職いたしました。

⬆前職の批判ばかりを展開するのは当然NGですが、「異動を受け入れられずに辞めた」ということならネガティブな要素が入っていてもかまいません。

 例2

コロナ禍により主要取引先が大打撃を受け、前職では前年度比売上50%ダウンと危機的な状況に陥り、徹底したリストラを断行することになりました。今まで会社の成長を支えてきた上司や先輩も次々リストラされ、次は私ではないかと疑心暗鬼なまま働くのでは、モチベーションが保てませんので、一旦リセットして次を探そうと思い退職を決意いたしました。

⬆「きちんと会社に残って経営再建に尽力すべきで、途中で逃げ出すのはよくない」と見る向きもありますが、あいまいなポジティブワードで本質をごまかすよりは地に足が着いた理由で納得を得やすいでしょう。

 例3

前職では将来の幹部候補として採用されましたが、勤務した約1年間は補助的な業務しか任されませんでした。そして幹部候補というものの、そうしたキャリアパスがないことを知らされました。この先、さらなる高みを目指して前職に転職したのですが、このままでは貴重な時間を無駄にするだけと思い、退職を決意いたしました。

⬆1年という短期間での自己都合退職であっても、入社前と入社後の話が大きく違ったというケースであれば、当時の状況が自分の想いや目標と合っていなかったことを実直に書くことで、採用人事に伝わりやすくなります。

## 🖊 自己PR

**履歴書の自己PRは、後述する職務経歴書で作成する自己PRの要約を書く**ことをお勧めします。同じ項目ですから、履歴書と職務経歴書で、わざわざ内容を分ける必要はないからです。

なお、重複しているからと「詳細は職務経歴書を参照願います」とするのはやめましょう。履歴書は履歴書で一つの書類として完結しているべきです。

詳細を職務経歴書に記載しましたので、そちらを参照願います。

## 🖊 志望動機

「志望動機書」といった他の書類で志望動機を語らない場合、この欄だけで応募先への熱い想いを語る必要があります。非常に重要です。

2つの要素を盛り込んでください。

1) なぜ応募先企業の応募職種なのか？
2) そこで自分ならどういった貢献ができ、どうしていきたいのか？

就活レベル、たとえば

「貴社の"私達は地域社会に信頼され、成長する企業であり続けます"という経営理念に強く惹かれました。社会貢献度の高い貴社でぜひ頑張りたいと思い、志望いたしました」

では、NGです。ネット上で拾ったサンプル等を加工するのではなく、必ず

「自分オリジナル」を作成し、熱い想いを端的に語るようにしてください。

 **例1**

競争の激しい金融商品業界において、現場最前線で培ってきた商品先物取引の営業スキル・経験が貴社で最大限に活かせると考え、貴社の成果主義を重視する姿勢と私の志向がマッチしたのが最大の志望動機です。
貴社が長年蓄積してきた信頼感や安心感を後ろ盾にしつつ、これに甘んじることなく着実に成績を残せる渉外営業社員になる自信があり、今回応募した次第です。

 **例2**

貴社であれば前職と同じ業種であり企業規模も同等であることから、私が養ってきた約8年の経理経験、スキルを余すことなく発揮できると考えました。また、生涯勤務するつもりだった前職の会社が倒産してしまったため、安定成長を続ける貴社には大変魅力を感じます。落ち着いた職場環境の中で、持ち前の迅速さ、正確さを活かすことで、貴社発展の一翼を担いたく、志望させていただきました。

 **例3**

同じ○○業界で約6年間働いてきた私にとって、約30年間トップシェアを維持する貴社は特別な存在であり、また新しいヒット商品を次々と生み出す商品開発力には、一目置いておりました。私自身、この直近の3年間に商品開発業務に携わり、一昨年大ヒット商品となった△△△の開発プロジェクトでは中核を担っていましたので、この経験・スキルを憧れの貴社で発揮したく、応募いたしました。

☛ **point**
・上記2つの要素を、自身の経験から具体的かつ端的に語るのがコツ。
・抽象的であいまいなもの、どこの企業にも流用できるものはNG。
・必ずその応募先向けのオリジナルなものを作成する。

# 応募職種、希望給与額…
# 空白はNG

## 🌙 枠は小さくても軽視できない

　弊社の履歴書フォームでは、「**応募職種**」、「**希望勤務地**」、「**現在（前職）の給与額**」、「**希望給与額**」、「**出社可能日**」、「**趣味**」、「**特技**」、「**スポーツ**」、「**健康状態**」という欄も設けています。

　これらの欄はスペースが狭いので、非常に短い表現でポイントを伝えなければなりません。「書き方がよくわからない」と、**空白のままはNG**です。必ず埋めてください。

　「**応募職種**」は、既述の通り、求人情報に掲載されている正確な職種を書きます。

　「**希望勤務地**」は「特になし」よりも、「求人情報の内容に従います」、「全国どこでも勤務可能です」と書いておくと効果的です。

　「**現在（前職）の給与額**」は、事実をそのまま包み隠さず正確に書きます。

　「**希望給与額**」は、求人情報に給与額が明示されていればそれを、今回の転職で絶対に譲れない給与額があるならそれを書きます。これらに該当しなければ「貴社規定に従います」で、明確な回答を回避しておきましょう。

　「**出社可能日**」は、失業中と在職中で書き方が違ってきます。前者は「即出社可能」、「すぐにでも出勤可」でいいでしょう。後者は引継ぎを見越しつつ就業規則上の退職手続き期間などを勘案して、現実的な出社可能日を割り出して書きます。

　「**健康状態**」は、通常勤務に何ら支障がなければ「良好」、ここ数年体調不良もなく病欠もないようなら「極めて良好」とプラスアルファしてPRします。

　「**趣味**」は「読書」、「音楽鑑賞」、「映画鑑賞」といったごく一般的なものでOK。ウケを狙う必要はありません。「**スポーツ**」は、特別なものでなくても、ウォーキングやジョギングレベルでもOKです。

「**特技**」は、業務に直結するものがあれば、それを書くのがベスト。たとえば全職種共通だと「ＰＣやアプリの操作」、経理職だと「暗算」、接客職・営業職だと「人の顔と名前を即座に覚えることができる」、事務職・総務職だと「整理整頓」などがあります。

 記入例

| 項目と記入例 | ポイント |
|---|---|
| 希望職種<br>　　　　　**人事（教育・採用担当者）** | 求人情報に掲載されている内容を一言一句間違わないように転記 |
| 希望勤務地<br>　　　　　**貴社求人情報の内容に従います** | 希望だからといって、思いつくまま書くのはＮＧ |
| 現在（前職）の給与額<br>　　　　　**年収約400万円** | ごまかさず、正しい数字を |
| 希望給与額<br>　　　　　**貴社規定に従います** | 給与額にこだわりがなければ、このように無難な表記で |
| 出社可能日<br>　　　　　**内定受諾後、１カ月程度** | 物理的に実現可能な最短の日付を |
| 趣味<br>　　　　　**読書（月に２冊程度、最近は歴史小説）** | 頻度やテーマなどを具体的に盛り込むと、イメージしやすくなる |
| 特技<br>　　　　　**アプリの選定、導入、活用** | ＤＸ関連は今やビジネスに必須なので、こうしたものも売りにつながる |
| スポーツ<br>　　　　　**ウォーキング（休日に２時間ほど散策）** | 野球やサッカー、フットサルなど、ハードなものでなくてかまわない |
| 健康状態<br>**極めて良好（直近２年間、病欠はありません）** | 「良好」以上の場合、さらに文言を加えてＰＲ |

# 通信欄…「先回りフォロー」に使える!

## 事実を粛々と

弊社の履歴書フォームには、「**本人希望記入欄**」、「**通勤時間**」、「**扶養家族数**」、「**配偶者の有無**」、「**配偶者の扶養義務**」もあります。

「本人希望記入欄」以外は特別に書く内容を工夫する必要がなく、書きやすい項目と言えます。

「通勤時間」は、最短の交通ルートで導き出した、ドア・ツー・ドアの時間を算出します。勤務地が未定の場合は空白でかまいません。

「扶養家族数」、「配偶者の有無」、「配偶者の扶養義務」は、事実をそのまま書きます。ここは工夫のしようがありません。

## 通信欄を活用しよう

「通信欄」は、書き方がわからず空白で出す人も多いのですが、カッコ書きの通り、希望などがなければ特に何も書かなくて大丈夫です。

空白にビビる必要はありません。

一方、有効な活用方法として、マイナスととられてしまいそうな点や説明不足ととられそうな点などについてのフォローや、希望事項について書くやり方があります。

たとえば、連絡方法の希望。求人に電話連絡がある旨の記載があった場合、

**「現在勤務中ですので、平日のお電話でのご連絡は午後7時以降にいただけると幸甚です」**

と、書いておくのが典型例です。

通勤時間についても、

**「貴社本社に勤務する場合、約1時間30分かかりますが、前職では2時間通勤を約5年継続していたため、通勤には支障はありません」**

と、採用人事が懸念しそうな点を先回りしてフォローしておく。

その他、学歴や職歴にブランクがある場合のフォローとして、

「2019年4月から2021年6月までは司法書士試験の勉強に専念しておりました」

といった記述が効果的です。

このように、既定の項目では伝え切れない内容を盛り込みます。

 ## 例1（連絡方法について）

現在勤務中でお電話への対応が難しいため、ご連絡はメールで頂戴できれば幸いです。なおメールはスマホ連動で随時チェックしております。

↑せっかく採用人事が電話したのになかなかつかまらないという残念なケースがあるので、先回りしておきましょう。

 ## 例2（健康状態をフォロー）

現在、既往症について要経過措置のため、月に1度だけ通院しなければなりませんが、通院日は休日を含め柔軟に対応できるため、貴社での通常勤務に影響を与えないことをお約束いたします。

↑採用後に既往症が発覚してトラブルになるケースも。

傷病・疾患は、「業務に影響が出るか否か」が採用人事のチェックポイントです。必要であれば先回りしてフォローしておきましょう。

 ## 例3（職歴上のブランクをフォロー）

2021年4月から2022年3月までの約1年間ブランクがありますが、再就職活動を続けつつ、義父の事業の手伝いを行っておりました。

↑職歴として書けないブランクは、このように書いておきましょう。

# OK履歴書、NG履歴書の記述の違いとは？

## 細かいミスが命取りに！

転職するのに、新卒用の履歴書フォームを使ってはいけないのはご存知でしょう。

では転職者用の履歴書を選択すれば万事OKかというと、決してそうではありません。

ここで、次に掲げる、同じ応募者の「OK履歴書」と「NG履歴書」を見比べてください。

差は一目瞭然でしょう。

一見してわかる違いは、ボリュームです。

「OK」が程よく埋まっているのに比べて、「NG」はスカスカ感が否めません。

先にも述べましたが、特に採用人事が最も注目する「職歴」は、この見本の応募者のように転職回数が少ない場合、「入社・退社」だけでは情報が乏しすぎます。

これではまったくやる気を感じられません。

ここはバランスを調整できるところです。

・シンプルな経歴の人は、配属先や携わった業務内容など詳細に触れる
・転職回数が多い人は、入社・退社の端的な組み合わせを用いつつ、応募職種にPRできる職歴については、少し多めにボリュームを確保する

といった工夫が必要になります。

「退職理由」、「志望動機」、「自己ＰＲ」は、履歴書内で唯一フリーに記述できるので、ライバル達と最も差がつくところです。

「ＮＧ履歴書」のように、どこでも通用する抽象的な表現やボリューム不足では、スパム（大量）応募、とりあえず応募と見限られてしまいます。

「出社可能日」は、実現可能な日を算出して書きます。

在職中なのに、「すぐ出勤可」だと、現職の仕事を放りだす無責任な人なのではと、社会人としての資質を問われてしまいます。

入社意欲をアピールしようとして「すぐ退職に向けて動けます」という意味で「すぐ出勤可」と書く人も散見されますが、採用人事は上記のように懸念するので避けましょう。

その他、繰り返しになりますが、

・和暦・西暦の不統一
・ふりがなのミス
・希望職種を正確に反映していない

など、「ＮＧ履歴書」には、細かなミスが目立ちます。本質ではないところでマイナス評価をされるのは非常にもったいない話です。

繰り返しになりますが、若手といえども既に立派な社会人です。

「履歴書レベルの書類は、パーフェクトに作成して当たり前」という採用人事の予想を裏切るようなことは絶対にないようにしてください。

**NG!** スカスカでやる気が見えずスパム応募と秒殺される例

# 履 歴 書

2023 年　　9 月　　1 日現在

| ふりがな | イケダ　カズヤ |
|---|---|
| 氏　名 | 池田　一也 |

平成 4 年　　8 月　　30 日生（満　32　歳）　※ 男・女

ふりがな　サイタマシオオミヤクダイモンチョウ
現 住 所　〒 330-0846

さいたま市大宮区大門町1-23-45-603

ふりがな
連 絡 先　〒　　　　　　　　　（現住所以外に連絡を希望する場合のみ記入）

写真を貼る位置

写真をはる必要が
ある場合
1.縦　36〜40mm
　横　24〜30mm
2.本人単身胸から上

携帯電話

090-111-1111

メールアドレス

| 年 | 月 | 学　　　　　　　歴 |
|---|---|---|
| 平成23 | 3 | 埼玉県立大浦高校 卒業 |
| 平成23 | 4 | 大宮国際大学 入学 |
| 平成27 | 3 | 同学 卒業 |
| 年 | 月 | 職　　　　　　　歴 |
| 平成27 | 4 | ピーエムピー株式会社 入社 |
| 令和元 | 12 | ピーエムピー株式会社 退社 |
| 令和2 | 1 | ポライト株式会社 入社 |
| | | 現在に至る |
| | | 以上 |
| | | |
| | | |
| | | |
| | | |
| | | |
| | | |
| | | |
| | | |

| 年 | 月 | 賞　　　　　　罰 |
|---|---|---|
| | | なし |

| 年 | 月 | 免　許　・　資　格　・　専　門　教　育 |
|---|---|---|
| 平成24 | 2 | 自動車免許 取得 |
| 平成27 | 9 | 販売士検定試験2級 合格 |
| 平成28 | 2 | 派遣元責任者講習 修了 |
| 令和2 | 3 | 職業紹介責任者講習 修了 |
| 令和3 | 4 | スキューバダイビングCカード 取得 |

その他特記すべき事項

| | |
|---|---|
| 自己PR<br>　やる気とガッツだけは誰にも負けません。御社に入社できましたら、一生懸命営業に励みます。 | 応募職種<br>　　　　　営業 |
| | 希望勤務地<br>　　　　　埼玉 |
| | 現在（前職）の給与額<br>　　　　　年収約350万円 |
| 転職理由（退職理由）<br>　現職において私が担当するエリアも顧客層も非常に悪く、営業に出向いても値下げ要求ばかりですので、これでは先が見通せずに不安を感じましたので、転職することにしました。 | 希望給与額<br>　　年収450万円以上を希望 |
| | 出社可能日<br>　　　　　すぐにでも |
| | 趣味<br>　　　　　サーフィン |
| 志望動機<br>　御社ならば、自分の頑張りがきちんと評価されて、給与に反映されると伺い、志望しました。 | 特技<br>　　　　トランプ手品 |
| | スポーツ<br>　　　　　サーフィン |
| | 健康状態<br>　　　　特に異常なし |

| | |
|---|---|
| 通信欄（特に給料・勤務時間・勤務地・その他についての希望などがあれば記入） | 通勤時間<br>約　　　時間　　　分 |
| | 扶養家族数（配偶者を除く）<br>　　　　　1 人 |
| | 配偶者　　　配偶者の扶養義務<br>※ 有・無　　※ 有・無 |

採用者側の記入欄（応募者は記入しないこと）

147

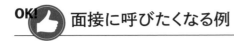 

# 履 歴 書

2023 年 　9 月 　1 日現在

| | |
|---|---|
| ふりがな | いけだ　かずや |
| 氏　名 | **池田　一也** |

1992 年　8 月　30 日生（満　32　歳）　※・男・女

写真を貼る位置

写真をはる必要が
ある場合
1.縦 36〜40mm
　横 24〜30mm
2.本人単身胸から上

ふりがな　さいたまけんさいたまししおおみやくだいもんちょう
現 住 所　〒 330-0846
　　埼玉県さいたま市大宮区大門町１丁目23番地45号　大門レジデンス603

ふりがな
連 絡 先　〒　　　　　　　　　　　　　　（現住所以外に連絡を希望する場合のみ記入）

携帯電話
090-111-1111

メールアドレス
kazuike30@◇mail.com

| 年 | 月 | 学　　　　　歴 |
|---|---|---|
| 2011 | 3 | 埼玉県立大浦高等学校 卒業 |
| 2011 | 4 | 大宮国際大学 法学部 政治学科 入学 |
| 2015 | 3 | 大宮国際大学 法学部 政治学科 卒業 |
| 年 | 月 | 職　　　　　歴 |
| 2015 | 4 | ビーエムピー株式会社 入社（正社員） |
| | | 関東支社 第三営業部 さいたま営業所に配属 |
| | | 　さいたま市内の法人向けの求人広告営業に従事 |
| 2017 | 3 | 東京支社第一営業部　新宿営業所に異動 |
| | | 　主に新宿区並びに周辺地域の法人向けの求人広告営業に従事 |
| | | 　営業主任に昇格（2018年4月） |
| 2019 | 12 | 一身上の都合により同社退職 |
| 2020 | 1 | ポライト株式会社 入社 |
| | | 人財派遣事業部 第一営業部 第一営業課に配属 |
| | | 既存法人に対する派遣営業、及び派遣人材の労務管理に従事 |
| | | 　　　　　　　　　　　現在に至る |
| | | 　　　　　　　　　　　　　　　　　　　　以上 |
| | | |
| | | |
| | | |

| 年 | 月 | 賞　　　　　　罰 |
|---|---|---|
| | | なし |

| 年 | 月 | 免　許　・　資　格　・　専　門　教　育 |
|---|---|---|
| 2012 | 2 | 普通自動車第一種運転免許 取得 |
| 2015 | 9 | 販売士検定試験2級 合格 |
| 2020 | 2 | 派遣元責任者講習 修了 |
| 2023 | 3 | 職業紹介責任者講習 修了 |
| | | |
| | | |

その他特記すべき事項

---

自己PR

　相手の話を傾聴して、良好な信頼関係を構築できることが私の最大の強みです。今まで着実な営業成績を記録してきたのがこの証左で、信頼関係があるからこそ、お客様からの紹介をいただくことも増えました。ライバルも多い人材業界ですが、この私の強みを貴社でも大いに発揮していく所存です。

転職理由（退職理由）

　頻繁な派遣法改正の下、自身の力の限界を痛感し、これを機に同じ人材系サービスでも、自身がやりがいを感じている再就職支援業にシフトしたいと考え、転職を決心した次第です。

志望動機

　大学卒業後から今まで人材業界の営業一筋でキャリアを積んだことから、今回の貴社の求める人物像にベストマッチすると自負しております。また貴社の営業エリアであれば、土地勘もあり既存顧客との関係も活かせます。これらの理由から貴社を強く志望いたします。

応募職種
　　　　　コンサルティングセールス

希望勤務地
　　　　　貴社の求人情報に従います

現在（前職）の給与額
　　　　　　　　　　　年収約350万円

希望給与額
　　　　　貴社の規定に従います

出社可能日
　　　　　内定承諾後、約2カ月

趣味
　　　　　動画観賞

特技
　　　　　傾聴

スポーツ
　　　　　サーフィン

健康状態
　　　　　良好

---

通信欄（特に給料・勤務時間・勤務地・その他についての希望などがあれば記入）

| 通勤時間 | | |
|---|---|---|
| 約　　　　時間　　　　分 | | |
| 扶養家族数（配偶者を除く） | | |
| | | 1 人 |
| 配偶者 | 配偶者の扶養義務 | |
| ※ ㊑・無 | ※ 有・無 | |

採用者側の記入欄（応募者は記入しないこと）

# できる若手もやりがちなミス

## 🔵 就活の癖が抜けない

転職サイトや転職エージェント登録時の入力フォームには、Part 3で取り上げた「具体的な業務内容」のように、職歴を2,000文字まで入力できる項目があります。

そこで＜ポイント＞や＜主な取り組みと実績＞のような項目を設けるのは良いのですが、就活時のエントリーシート的になっている人が多いのです。

たとえば、＜主な取り組みと実績＞とタイトルをつけ、

「毎日一生懸命アポ取りに励んだ結果、商談に進める機会が増えました。こうした経験を通じて、行動することの大切さを学びました」

といった感じです。

## 🔵 抒情を排し定量的に

この内容で行くなら、

「アポ取りの架電数について1日100本のノルマを自らに課し約半年継続した結果、直近1カ月で20件の商談機会を得ることに成功」

と抒情的な表現は排除し、本文でも触れましたが定量的に表現すべきです。

## 🔵 「盛る」はゼッタイNG

定量的と言っても、チームの成績を個人のそれと誤解を生む表現になっているケースも多いです（就活で言う、いわゆる「盛る」です）。

「自己顕示欲が強すぎる」「信用できない人だ」とネガティブ印象を与えかねません。

そもそも企業側は若手にすごい実績を期待しているわけではありません。地に足の着いた表現をしましょう。

## 🔵 「え？ なんで締め切ってんの？」

Webレジュメは90％以上仕上がっているのに、「平日は何かと忙しいから週末に最終チェックをして応募しよう！」と先延ばしにした結果、求人掲載が終了し応募できなかったというケースも、若手にはよくあるのです。

たとえば、「掲載予定期間：2024/3/1（金）〜 2024/3/15（金）」と表示されていたとしても、応募者多数だったり、先行した採用選考で内定者が決まったりして、会社側が期間満了前に締め切ることはあり得ます。

完璧を目指すのも大事ですが、期限内に応募しないと努力が水の泡。チャンスを逃さないためにも、早め早めに行動してください。

〈職務経歴書〉

# 「4つのマスト項目」でサクサク書ける！

—— 職務要約、職務詳細、ポータブルスキル、自己PR ——

## Part 5

20代〜30代前半のための
転職「書類」
受かる書き方

# よくある「7つの誤解」とは?

## ⏳ 2枚以内で「読ませず、見せる」

職務経歴書については、履歴書のように決まったフォームがないので、作成方法について諸説あります。

ただ、若手世代の場合、おのずと効果的な書き方が決まってきます。

まず、**2枚以内**にまとめましょう。職歴が乏しい人は1枚でももちろんOKです。

肝に銘じてほしいのは、「**(応募書類は)出せばきちんと読んでもらえる」、は幻想**だということです。

採用人事にとって、一人で何百人分もの応募書類を一字一句精読している余裕などありません。学術論文のように抑揚がなく字がぎっしり詰まった書類は、読み手に大きな負担をかけます。

かといって、履歴書の職歴欄かのような「余白だらけ」「スカスカ」もNG。厳しい採用人事なら、「書類作成能力不足」と秒殺するでしょう。

ではどうすればいいか。

ここは「読ませるな、見せろ!」の精神で、

・適度なボリューム
・表や太字、下線などを活用
・体言止めを駆使

といったレイアウト上の工夫で「見やすさ、読みやすさ」を追求することが重要です。

## ♪ 独創性は一切不要

自由なフォームだからといって、何を書いてもいいわけではありません。

独創的な、ユニークなものを作る必要はまったくありません。

大事なのは、「採用人事が知りたい項目（情報）を、不足なく盛り込めているか」です。

若手の採用意欲はどの会社も高いとはいえ、やはり好条件の求人は競争過多です。同じような経験・スキルでもレイアウト含め「書類作成能力」で当落の差がつく可能性は充分あるということを認識しておいてください。

## ♪ よくある誤解

| よくある誤解 | これが正しい！ |
|---|---|
| 「市販の履歴書に同封のフォームに手書きで作成」でOK？ | パソコンでの作成が必須。手書きフォームは絶対NG。 |
| 2枚でまとめないとダメ？ | 職歴が乏しい人は1枚でもOK。3枚以上だとボリューム過多でNG。 |
| すべてを詳細に書かないと、伝わらない？ | 何でも盛り込めばいいわけではない。読み手の立場も考える配慮も含めた「書類作成能力」も見られていると心得よう。 |
| 白でなく、カラーの用紙で差別化を図るのは得策？ | カラー用紙はNG。マイナス評価につながりかねない。 |
| 頑張って書いて出したんだから、ちゃんと読んでもらえるのでは？ | 内容の不備やわかりにくさなどで秒殺され、じっくり読まれないこともある。 |
| 決まったフォーマットがないので、構成など意識せず思いつくまま作成すればよい？ | NG。採用人事が何を知りたいと思っているか、きちんと項目立てて作成しないと、単なる事実の羅列になってしまう。 |
| Webレジュメで既に入力した情報は、重複するので書かなくてよい？ | 応募書類はそれぞれで完結していることが原則。自己判断で省いたり、他の書類を参照させるのは基本的にNG。 |

# 編年式は、こういう人向け

## ♪ 2つのパターン、どちらで書く？

職務経歴書のフォームについて見ていきましょう。

職務経歴書には、2つのスタイルがあります。

1つが前項の「編年式」。もう1つが「キャリア式」です。

まずは「編年式」。時系列に表記していく最もオーソドックスなスタイルです。一般的で癖のない経歴の人が表現しやすい方法です。

採用人事は、このスタイルを最も見慣れているため受け入れやすいので、最優先で検討してください。

2つのパターンに分類されます。

---

1）新卒入社から古い順に職歴を記載する「年代順形式」
2）直近の職歴から過去に遡って記載する「逆年代順形式」

---

若手なら「年代順」が原則です。

ただ、**30代で転職回数が多い（3回以上）なら、PRポイントを際立たせるため「逆年代順」**をお勧めします。書類は誰もが上から下へ読みます。先に直近の職歴を読ませることで、応募求人内容とマッチしていることを印象づけるのです。ただし、直近の経歴よりも、古い経歴の方が応募求人内容にマッチしている場合は、「年代順」を採用します。

## ♪ ボリュームをコントロールするには？

たとえば「第2新卒」だと、そもそも職歴として書けることはそうないはずなので、内容が乏しくても問題ありません。無理に1枚分をぎっしり埋める必要はありません。

一方、アラサーで転職回数が多い、社内で人事異動が多いなどの経歴を持つ人は、勤務先ごとに詳細を同じピッチで書くと、ボリュームが非常に大きくなる場合があります。この場合、応募職種に直接関係ない経歴や古すぎる実績などを省くなどして2枚以内に収める表現の工夫をするか、他のスタイルを検討することになります。

### 「履歴書レベル」はNG

　この「編年式」の作成時に最も気をつけなければならないのは、**単に時系列で整理された事実の羅列にならないように**することです。「履歴書の職歴欄をコピペ」が典型例。この年代でも散見される失敗例です。

　履歴書と職務経歴書、それぞれの意義や違いを理解せず作成しているとやらかすというわけです。

「年代順」・「逆年代順」どっちで作る？

| まず「編年式」を検討 |
| --- |

↓

| 1）（原則）若手なら新卒入社から古い順に記載する「年代順」 |
| --- |

| 2）（例外）30代で転職回数も多い（3回以上）人には、直近から遡る<br>　　　　「逆年代順」を推奨 |
| --- |

# やってはいけない例

| 期間 | 業務内容 |
|---|---|
| 2019年4月 | 株式会社テレフィールド 入社（正社員）<br>事業内容：電気工事業　資本金：1億円　従業員：200人<br>配属：関東支社　浦和営業所　通信サービス課<br>業務内容：主に通信ケーブルの接続工事に従事 |
| 2019年4月 | 本社にて新人研修を受講 |
| 2019年6月 | 浦和営業所に配属、現場の補助作業を担当 |
| 2021年4月<br>〜 | 関東支社川崎営業所通信サービス課に異動 |

↑単に時系列で事実を書いているだけで、履歴書を見れば済むレベルと見限られる危険性大。

**OK!** 通る「編年式」の例


2024 年 1 月 28 日現在

## 職　務　経　歴　書

氏名　徳川　信長

### ●職務要約

　大学卒業後の 2018 年 4 月に外食チェーン店を展開する株式会社フードビジネスに新卒入社。主要業態であるカフェ部門のスターボー大宮店に配属。注文受付や料理配膳、ドリンク制作、レジ、店内清掃といったホール業務全般に加え集客用のビラ配り等にも従事。2019 年 4 月には同店の主任、そして 2021 年 4 月には店長代理に昇格。オペレーション指示やアルバイトやパートといったスタッフ管理も担当中。

### ●職務詳細

〇2018 年 4 月～現在　株式会社フードビジネス

事業内容：外食チェーン店の経営　資本金：5,000 万円　従業員数：約 150 名　未上場

| 期間 | 業務内容 |
|---|---|
| 2018 年 4 月<br>～<br>現在 | 【雇用形態】正社員　【最高職位】店長代理（スタッフ約 21 名）<br>【業務内容】<br>・オーダー受付、料理配膳、ドリンク制作、レジ対応<br>・店内清掃、ビラ配り<br>・クレーム対応<br>・シフト表作成、オペレーション指示<br>・新人教育等のスタッフマネジメント |

### ●貴社で活かせる経験・スキル

- ・約 5 年半における、飲食店での実務経験
- ・新人教育等のスタッフマネジメント経験
- ・接客の中でお客様との会話で磨いた、円滑なコミュニケーション力
- ・店舗全体の動きを把握する俯瞰力、観察力
- ・クレームにも動じず、業務を推進できるメンタリティ

### ●自己 PR

　「担当業務を正確に遂行できる力」に最も自信があります。

　元々、慎重な性格ということもあり、例えばオーダーをいただいた際には、お客様の前での復唱を徹底し、キッチンスタッフにも明瞭かつ大きな声で伝達するように努めていました。

　オーダーミスはクレームに直結しますし、最悪なケースでは風評被害にも繋がっていきます。実は入店して半年経過時に、そういった苦い経験がありましたので、なお一層気を引き締めております。

　また役職に就いてからは店舗を俯瞰的に見るようにし、困っているスタッフがいないか、無駄な動きをしてないかなどを、つぶさに観察しています。

　こうした日々の取り組みにより、入社半年後のミス以降は、大きなミスを犯すことなく任務を全うしてきたのは、私の誇りです。

　貴社に入社が叶いましたら、この強みを最大限に活かして、貴社の発展に貢献することをお約束いたします。

以上


Part
5

〔職務経歴書〕「4 つのマスト項目」でサクサク書ける！



157

## UP! 3 キャリア式は、こういう人向け

### 「キャリアごとにまとめる」が向く人とは？

職務経歴書のスタイルの2つめである「**キャリア式**」は、名前の通り、キャリアごとにまとめるスタイルです。

「**これまで、営業、商品企画、カスタマーサポートと経験職種にばらつきがある**」、

「**（商品開発職やSE職のように）開発プロジェクト単位で仕事をしてきた**」、

といった場合、「**編年式**」ではなく「**キャリア式**」が適しています。

「編年式」だと、勤務先やプロジェクトごとに詳細を書くことになり、ものすごいボリュームになってしまいます。

上記のような人は、20代では少数派かもしれませんが、30代となると事情が変わってきます。

### リスクが伴う場合もあるがリカバリー可能

「編年式」は、時系列や勤務先を軸にして書くスタイルでしたね。

「キャリア式」は、これらを意識せず、キャリアで束ねることを優先します。そのため、**経験業務における能力やスキルは非常に測りやすい一方、その人の職歴上の生い立ちがわかりにくい欠点があります。**

また、このスタイルを読み慣れていない採用人事の中には、

「見たことない書き方だ。今までどんな経緯でこういうキャリアを積み上げてきたのか、どんな会社にどれくらいいたのか、まったく見えない」

と、履歴書との照合を嫌う人がいるのも事実です。

「結局、どっちがいいんですか？」と迷うかもしれませんが、膨大な書類を生身の人間が短時間で審査するという制約条件の中で勝ち抜かなければなら

ないという真剣勝負において、「時系列」というスタンダードなスタイルを外すのは、かなり勇気がいるやり方と言えるのが現実です。

　こうしたリスクもありますが、「編年式」に適していない人が、ダラダラと時系列で書き綴るよりは、強みや経験がコンパクトにまとまっている方が良いのは間違いありません。
　「履歴書的な時系列の表記を、最初に盛り込む」といった工夫でリカバリーは可能です。

「キャリア式」に適しているケース

・経験職種に一貫性がなく、ばらつきがある
・任務単位やプロジェクト単位で仕事をしてきた
・転職や異動の回数が多い
・長いブランクなど特殊事情があり、「編年式」だと、そこだけ際立ってしまう

「キャリア式」のメリット・デメリット

〈メリット〉
・冗長にならず、経験業務を明確に打ち出せる
・応募企業、応募職種にしっかりマッチしていることをPRできる

↕

〈デメリット〉
・作成にはある程度のテクニックが必要
・キャリア形成の経緯が見えにくい
・採用人事が見慣れていないケースがある
・企業研究や応募職種の研究をしっかりしておかないと的外れになる危険性がある

 通る「キャリア式」の例

## 職 務 経 歴 書

氏名　今川　義昭

●職務要約

　大学中退後の 2010 年 3 月にレジマート株式会社にアルバイト入社。その後 2013 年 6 月に働きぶりが評価され正社員に登用を達成。そして同社退職後から現在まで、スーパーでの店頭業務やカスタマーサクセス業務、各種問い合わせ対応、ホームページ更新業務、料金支払の督促・回収手続、ユーザ対応、ホームページディレクション業務、データ分析、特殊機器のトラブル対応、PC サポート、製品受注といった多種多様な業務に従事。

●職務詳細
○職務年表

| 在籍期間 | 勤務先（雇用形態） |
|---|---|
| 2010 年 1 月〜2014 年 6 月 | レジマート株式会社（アルバイト→正社員） |
| 2014 年 7 月〜2014 年 10 月 | 株式会社埼玉スーパー（正社員） |
| 2014 年 12 月〜2015 年 2 月 | 株式会社エムテック商会（派遣社員） |
| 2015 年 3 月〜2019 年 1 月 | オレンジガス販売株式会社（派遣社員） |
| 2019 年 1 月〜2020 年 12 月 | 株式会社マイクロシステムズ（契約社員） |
| 2021 年 8 月〜2022 年 5 月 | 株式会社コールセンター（正社員） |
| 2022 年 6 月〜現在 | 株式会社ウェブサイトクリエイター（契約社員） |

※2014 年 1 月〜2014 年 7 月：転職活動に専念した期間

○経験職務
➢顧客対応関連業務
・店舗での各種（電話、店頭、レジ）お客様対応
・担当製品の受注業務全般（約 1,500 アイテム）
・クライアント WEB サイトのデータ集計（Excel でのデータ分析、月次報告書作成等）
・（カスタマーサクセスでの）製品のユーザーサポート
・（カスタマーサクセスでの）料金督促、回収手続
・（カスタマーサクセスでの）SV としてのオペレーター育成
・個人情報の窓口対応（電話での一次回答、回答書作成等）

➢WEB サイト関連業務
・WEB サイト運営全般（原稿作成、アップデート、予実管理、アクセス解析等）
・自社 WEB サイト制作（外部制作会社、社内関係部署との調整、ディレクション、制作物チェック等）
・社内向け WEB サイト更新作業（ニュース記事編集、アップデート等）
・ドメイン管理（新規取得、更新等）

➢その他
・スーパーマーケットでの品出し、店頭レジ等、店頭業務全般
・店舗バックルームでの商品管理
・PC サポート
・特殊機器のメンテナンス

●**貴社で活かせるスキル・経験**
 ・多種多様な顧客と接することで磨いた、顧客対応力、コミュニケーションスキル
 ・コールセンターで培った、人材育成スキル
 ・WEB サイト関連業務で磨いた、調整力、ディレクションスキル
 ・様々な職場経験で養った、協調性
 ・正確に業務を遂行することができる、几帳面な性格
 ・PC リテラシー（Illustrator、Photoshop、Fireworks、Dreamweaver 等）

●**自己 PR**
　「向学心の高さ」が、私の最大の強みです。
　就活時期も含め、チャンスに恵まれない一方、生計を立てていくのに必死で、ありとあらゆる仕事に挑
戦してきました。結果として転職回数が多くなりましたが、どの勤務先でもいち早く戦力になれるよう、
自習を欠かしませんでした。
　たとえば、自身が興味を持ち、今後の業務にしていきたいホームページについての知識や html のスキル
は、仕事をしながら夜間の専門学校に通い、これらを習得しました。また業務で必要不可欠だったため、
独学ですが、Illustrator や Photoshop の操作スキルも、毎日自宅で操作することで身につけました。
　貴社でも、この強みを活かして、貴社の発展に貢献することをお約束いたします。

以上

〔職務経歴書〕「4つのマスト項目」でサクサク書ける！

# 「4つのマスト項目」を押さえる

## ◉「4つのマスト項目」とは？

転職は初めてという場合、

「職務経歴書って、何をどう書けばいいの？　まったく見当がつかない」

という人も多いと思います。履歴書やWebフォームと違って決まった型がないのでわかりづらいのですが、構成する項目ごとに分解して考えれば、効果的な職務経歴書を確実に作れます。

先にふれた「編年式」「キャリア式」、どちらのスタイルを採用しても、マストなのは4つです。

---

1) 職務要約　2) 職務詳細　3) ポータビリティスキル　4) 自己PR

---

これに加え、たとえば「長期のブランクがある理由」など特別事情を先回りして伝える必要がある場合は「特記事項」を末尾に追加するのも一手です。

## ◉「マスト4項目」の作成ポイント

では、必須4項目をそれぞれ説明しましょう。

### 1）職務要約

今までの職歴を端的にまとめたもの。既にWebレジュメの章でも解説しましたが、本でいう「目次」の役割です。この内容しだいで、その先の詳細まで読みたくなるか、秒殺されるかが決まります。

### 2）職務詳細

職務内容を掘り下げて書きます。「職務要約」に関心を持つとここに目線が

移ります。採用人事は、応募者の働いてきたイメージをしっかりつかみたいので、事実をただ並べるのではなくメリハリをつける必要があります。

### 3）ポータビリティスキル

どこに行っても通用するスキル。たとえばTOEIC850点は企業に関係なくどこでも通用する英語力を証明します。英語力を求めている応募先には盛り込みます。なお、筆者は項目名を「貴社で活かせるスキル・経験」として、自身の培ってきた多種多様な経験やスキルの中で、応募企業に役立つものをピックアップして書くよう指導しています。

### 4）自己PR

上記3項目と異なり抒情的な表現が許されます。英文の職務経歴書では実績やスキル、経験を粛々と書くだけですから、日本ではパーソナリティや熱意を見てくれる証左と言えます。他の項目では伝えきれなかったスキルや強み、先回りしてのハンディの補足等、フル活用してください。

## 🐟「マスト4項目」のポイント

| 項目 | ポイント | 量の目安 |
|---|---|---|
| 1)<br>職務要約 | ・採用人事が最初に目にする。<br>・目次の役割。この内容しだいで、この先を読んでもらえるかが決まる。 | 約5行 |
| 2)<br>職務詳細 | ・職務経歴書の屋台骨。経験してきた職務内容を詳しく書く。<br>・履歴書的な、事実の羅列にならないようにする。 | （他項目と含め）<br>2ページ以内 |
| 3)<br>ポータビリティ<br>スキル | ・自身のスキルや経験の中で、応募先に貢献できるものを選んで書く。<br>・他の企業にも当てはまるような定形化をせず、必ず応募先に合わせて書く。上から優先順位の高い順に表示。 | 約5行 |
| 4)<br>自己PR | ・日本特有の項目。上記3項目と違い、自由に表現できる。ハンディを挽回したり、売りをさらに強めたりできる。 | 300～400字程度 |

# 1)職務要約、2)職務詳細
# …印象アップするテクニック

## 1)「職務要約」…WebレジュメのままでOK！

Webレジュメの章で、職務要約の書き方は説明しました。

紙面版だから特段の文字装飾などが必要になるわけではないので、原則「まるまるコピペ」で問題ありません。

逆に言うと、Webレジュメの段階で完璧に仕上げておく必要があるということになります。

なお、Web版「職務要約」では「30行～35行ごとに改行を」と説明しましたが、紙面版では改行を外しておきましょう。

## 2)「職務詳細」…時系列で書く方法のポイント

次に「職務詳細」です。

ここもWebレジュメの章で解説済みですが、**採用人事が最も重きを置く項目**です。

ここは紙面版ならではの、枠や下線、太字などをフル活用して見やすく、わかりやすくするのがポイント。内容はほぼ同じでも見せ方が違ってくるわけです。ひたすら文字を入力していくWebレジュメのそれとは大きく異なる特徴です。

まず、時系列で表す「編年式」で、勤務先ごとに枠を設けて書く方法を説明しましょう。

次頁の見本を参照してください。このように**枠や下線を使うとグッと見やすくなり、採用人事の印象もアップします。**

そうした点から、筆者は強く推奨しています。

**OK!** 「編年式」の職務詳細例

●職務詳細

○2016年4月～2023年3月　スプリング工業株式会社

事業内容：金属ばねの製造・販売　資本金：2千万円　従業員数：100名　非上場

| 期間 | 業務内容 |
|---|---|
| 2016年4月<br>～<br>2020年3月 | 【配属】研究開発課　【職員】一般社員 |
| | 【業務内容】<br>・金属ばね用鋼材の品質評価・性能試験<br>・金属ばねの耐久試験、金属破断面・硬度・金属組織の調査と報告書作成<br>・表面処理の効果測定（電子顕微鏡や硬度計などを使用）<br>【主な実績】<br>・研究・試験業務において測定機器の取扱い方法や試験手順など、計画的なOJTによる指導が可能に<br>・測定機器の操作マニュアルを策定、課内で展開 |
| 2020年4月<br>～<br>2023年3月 | 【配属】情報システム課　【職位】サブリーダー（2022年4月～） |
| | 【業務内容】<br>・クラウドサーバー上でのドメイン構築と運用<br>・グループウェアの導入・運用・社内教育<br>・社内ヘルプデスク、PC入れ替え設定、OSアップデート等<br>・次期基幹システム構想プロジェクト参画<br>【主な実績】<br>・グループウェアの活用方法について、全社員対象の教育係を担当<br>・次期基幹システム構想のメンバーに選出 |

**Part 5**

〔職務経歴書〕「4つのマスト項目」でサクサク書ける！

# 2）職務詳細…編年式はこれでOK！

## 編年式の構成

前頁の例を参考に、具体的な書き方を説明していきます。

まず勤務先の在籍期間、社名、事業内容、資本金といった企業概要を書きます。

そして職歴の詳細を枠の中に書いていきます。（枠の左端の）期間の列は、社内の部署単位で分けます。前頁の例でいうと、研究開発課で一枠、情報システム課で一枠を設けて、その部署に在籍した期間を書きます。

なお、1社で部署異動が一度もなかった場合でも、左端の期間の列は削除せず、下記のようにその会社の在籍期間と同じ期間を入れておきましょう。

### 「職務詳細」の例

○2021年4月〜現在　M＆N株式会社

事業内容：会計コンサルティング　資本金：1千万円　従業員数：12名　非上場

| 期間 | 業務内容 |
|---|---|
| 2021年4月<br>〜<br>現在 | ＜配属＞本社　＜職員＞一般社員<br>＜業務内容＞<br>・会計コンサルタントの補助業務（各種資料作成、日程管理等）<br>・財務分析システムのオペレーション全般<br>＜主な実績＞<br>・財務分析システムの全機能操作をマスター |

次に枠の中ですが、配属や職位を最初に、その下に＜業務内容＞を箇条書きで書いていきます。

　その下に＜主な実績＞や＜ポイント＞など自由記入欄を盛り込む方法もあります。

　この構成が「編年式」の基本中の基本です。


　なお、**全社共通で同じ項目を並べてください。**

　たとえば３社に勤務経験がある場合、Ａ社とＢ社の枠の最後に＜主な実績＞があるのにＣ社にはないのでは、違和感を抱かれるのでNGということです。

## 🌀 枠が増えすぎたら？

　勤務した会社ごとに、この構成を設けることになります。先に説明したWebレジュメだと、「職歴の追加」の役割になります。

　したがって、転職回数が多くなると２枚以内に収まらずボリュームオーバーに陥る可能性があります。この場合は、すでに説明した通り、採用するスタイルの見直し（編年式→キャリア式）をする必要があります。

## 🌀 それ以外の対処法もある

　なお、数カ月の短期勤務やアルバイト・パート勤務のような「売り」にならないもののために、いちいち枠を設けていたらキリがない場合があります。

　とはいえもちろん、消し去るのは論外。経歴詐称を疑われてしまいます。


　この場合は、あえてこの構成を設けずに、

※2019年４月〜2019年10月の期間は、テレコムジャパン株式会社にて、正社員としてコールセンター向けシステム開発に従事。

　あるいは、

※2018年４月〜2019年２月の期間は、オーストラリアにおけるワーキングホリデーに参加。

　と、短く丸めてしまってかまいません。

## 📕 キャリア式での作成ポイント

キャリア式は、前頁の編年式とは書き方が全く違ってきます。

他の転職指南書のように「キャリア式はキャリアごとにまとめて書く」と言われてもピンとこないでしょう。そこで具体例を用いて解説します。

たとえば、A社、B社、C社の3企業で人事業務に就いていたとします。A社では採用が主業務、B社では社員の入社・退社の手続き関係がメイン、C社では新規の制度設計が中心だったとしたら、会社ごとに記述するのではなく、「人事関連業務」というキャリア軸でまとめて並べていくのです。

| 経験業務 | 経験時期 |
|---|---|
| ・新人事制度＆人事労務システムの導入検討プロジェクトへの参画 | C社のみ |
| ・部下6名のマネジメント、人材育成 | C社のみ |
| ・給与計算、社会保険手続、勤怠管理、入社・退社手続 | A社、B社 |
| ・福利厚生の統括、社宅制度運営、社員会運営、従業員持株会運営 | B社、C社 |
| ・新卒採用、中途採用 | 全社 |
| ・産休・育休制度の新企画・立案 | C社のみ |

この人が人事マネジャーポジションに応募するとしましょう。

「各種規程の見直しを最優先任務としている」等、応募企業が求めている人物像に合わせて、上から順に求められている業務経験を配置していきます。

■人事関連業務
＜定型業務＞
　・就業規則の改定、人事制度の改訂、人事関係諸規則の制定改廃
　・部下3名のマネジメント、人材育成
　・新卒採用、中途採用（約100人/年）

> ・給与計算、社会保険手続、勤怠管理、入社・退社手続
> ・福利厚生の統括、社宅制度運営、社員会の運営、従業員持株会の運営
>
> ＜プロジェクト業務＞
> ・産休・育休制度の新企画・立案
> ・新人事制度＆人事労務システムの導入検討プロジェクトへの参画

　ここを経験業務別に見ると、上記のようになります。「人事関連業務」という
キーワードで束ねることで、経験企業や経験時期は見えなくなりますが、これ
がまさしくキャリア式の特長です。

　また、キャリアの棚卸しがきちんとできていれば、下記の（　）のように経
験年数を記載するのも有効です。

> ・給与計算、社会保険手続、勤怠管理、入社・退社手続（約8年）

　なお、バックオフィス業務であれば、ルーティンワークを受け身で粛々と
やっているだけとみなされる場合もありますので、この例のように、**「定型業
務」**と**「プロジェクト業務」**といったように、**業務内容を分類して記述するの
も非常に効果的です。**

##  書き方のフローチャート

**❶ 求人情報を精読し、何が求められているかをしっかり把握する**
　　（例：「人事マネジャー候補職に就いて当社の古くなった各種規程を見直して
　　　　ほしい。もちろんこの他に人事業務全般もお願いしたい。3名の部下の
　　　　育成も…」）

**❷ そのキャリア軸を決めてタイトルに出す（例：「人事関連業務」）**

**❸ キャリア軸の下に、自身の経験業務を優先順位の高い順に上から配置していく**
　　（例：「就業規則の改定等➡部下3名のマネジメント、人材育成➡採用…」）

rightPart
5

〔職務経歴書〕「4つのマスト項目」でサクサク書ける！

# 「貴社で活かせる経験・スキル」…必ずある！

## 企業研究が最も活かされる！

「ポータビリティスキル」は、まさしくどの企業に持ち運んでも通用するスキルのことです。たとえばWordやExcelを使いこなせるリテラシーは、職種や企業を問わず必要であり典型です。

その他、商社なら「TOEICのハイスコア＋実践で磨いたビジネス英語力」、不動産売買仲介会社なら「宅建資格＋実務経験」と、応募先に合わせて、できるだけ高度で専門的なものをPRしてください。

下記は、物流コンサルタント職に応募する人の例です。

＜貴社で活かせるスキル・経験＞
・長年のＳＣＭ経験に基づくコスト削減意識の高さ
・数々のビジネスシーンで磨いてきた交渉力、折衝力
・グローバルＳＣＭの深い造詣
・チームマネジメント、人材マネジメントの経験
・ビジネスレベルの英語力

体言止めで５つ程度を箇条書きにするのがベストです。

## 若手がよく犯す３つのミス

若手がよく犯す記述ミスとして、次の３つがあります。

**NG!**

❶「書くべきスキル・経験などない」と決めつけ、書けない
❷（❶の逆で）目一杯書いてしまう
❸ 応募先と関係ないスキル・経験を書いてしまう

❶は「ネガポジ変換」でもふれましたが、**絶対に書けることはあります。**

❷は、書きすぎると焦点がボケるし、自己顕示欲が強いと見限られ、かえってマイナス評価につながる危険性があります。❸は、必ず求人情報を精読して自身の保有している経験・スキルの引き出しの中から「何が応募先にベストマッチするか」をしっかり見極め、セレクトしなければなりません。

## 🕙 具体的にどう書けば良い？

次は、地元である埼玉に特化した不動産営業職に応募する人の例です。

---

＜貴社で活かせるスキル・経験＞
・不動産業界での営業経験（約6年2ヵ月）
・埼玉県内における土地勘や地域事情の情報収集力
・決定権者の見極め力、クロージング力

---

ここでTOEICのハイスコアを前面に出しても、地元密着の事業を展開する応募先の求めるものには直結しません。地元の土地勘や今まで培ってきた不動産営業のスキル・ノウハウを前面に出す方が効果的です。

次に、一般事務職に応募する人の例です。

---

＜貴社で活かせるスキル・経験＞
・事務処理から新人育成など、幅広い守備範囲と業務適応能力
・作業を着実に進めることができる、優先順位付けと計画性
・多量の単純作業でも飽きることなく継続できる集中力
・指導内容をノートに録って復習するなど、業務習得に対する高い意識

---

実はこの人はＰＣ操作があまり得意ではないので、**背伸びしてＰＣリテラシーをＰＲせず、性格上の強みなどをＰＲ**しています。

❶のように「私には誇らしいスキル・経験なんてない」と諦めないでください。**このように3つ、4つ程度なら必ず書けることがあるはずです。**

ぜひ求人情報を精読するなどして、企業研究をしっかりと行い、応募先に適合したものを記述してください。

# 「ポータブルスキル」を 書きにくいとき

## 見本を編集する

　ゼロからオリジナルを創作するのは難しいケースもあるでしょう。お勧めなのが、見本を真似て編集するやり方です。代表的なサンプルを掲載します。

## 営業系

・〇〇業界の特性、動向、商慣習等の理解、把握力
・目標数字達成のための実行力
・新規開拓営業の豊富な経験、これを継続できるメンタルタフネス
・お客様との信頼関係を構築するスキル
・各種営業手法の効果判定による優先順位付け
・売上を向上させるための企画提案力
・1回の営業でクロージングにまで持ち込む段取り力

## 販売系

・20年超に及ぶ、〇〇製品取り扱いの経験
・ディストリビューターとしての約6年の実務経験
・店頭上の売れ筋の的確な把握力、分析力
・実態に即した販売戦略構築スキル
・取引先、バイヤー等多くの方と円満に対応してきた、人間関係構築力

## バックオフィス系

・株主総会を着実かつ安全に運営するノウハウ
・各種社内規程の作成・改定経験
・最適な取引先・外注先を見出す発掘・選定スキル
・コスト意識、利便性、安全面のバランスを配慮した原材料調達スキル

- ・業務フロー見直しや適材適所などの業務改善スキル
- ・ニーズを把握する市場調査力、情報収集能力
- ・定性・定量調査に基づいた、カスタマーマーケティングスキル
- ・新規事業立上げ時の戦略立案スキル
- ・事業の構造分析、戦略策定、現場でのインプリメンテーションスキル

## ◑ IT系

- ・システム開発の豊富な経験、そこで会得した知識、技術、スキル
- ・最新技術への探究心、常に学ぶ姿勢、自己啓発力、自己研鑽力
- ・7年超のヘルプデスク業務で培った、問題把握力
- ・SEの経験に基づいた、バックエンドからの視点、工数予測力
- ・使用可能言語(VB, Python, PHP, HTML, CSS, JavaScript等)

## ◑ 汎用系

- ・オペレーションの作成、現場の落とし込み経験
- ・人材育成、後輩指導の経験
- ・数々のシーンで発揮してきた、プレゼンテーションスキル
- ・管理職で培った、チームマネジメントスキル
- ・担当業務をあるべきゴールに主導、推進する力
- ・着実に任務を遂行でき、細部まで目が届くチェックスキル
- ・業務の合理性、効率性の追求力
- ・コンディション調整力(社会人になってから病欠なし)
- ・厳しい環境下でも途中で投げ出さない精神力
- ・話し上手、聴き上手な性格
- ・ビジネスレベルの語学力

# 自己PR…1つに絞り「3段構成」で

## ♪ 自己PRは1つに絞る

「自己PR」では、読んで字のごとく、自分のセールスポイントを書いてアピールします。ここは他の項目と違い、自由に書ける項目なので、書き方によって大きく差が出るところです。

実は自由だからこそ何を書いて良いかわからず書きづらいのですが、筆者が考案した「3段構成」があります。ぜひマスターしてください。

なお、以前は「自己PR」は3つ作成するのを推奨していましたが、3つもあると「スーパーマン」になってしまうため、今は1つに絞ることを推奨しています。

## ♪ 3段構成をマスターしよう!

❶ まず冒頭に下記のように、PRポイントを打ち出します。

**私の最大の強みは「◎◎◎◎」です。**

この◎◎◎◎には、応募先で活かせるもので、かつ自信のある「売り」を書きます。

❷ この「売り」が確かに備わっていることを、データやエビデンス、エピソードを用いて証明していきます。

❸ 最後に、下記のような表現で〆ておけばOKです。

**この強みを活かして、貴社の発展に貢献していきます。**

❶～❸トータルで300字から400字くらいのボリュームが適切です。

なお、❶の売りのフレーズ「◎◎◎◎」と、❷の証明が合っていないことがよくあります。

たとえば、❶「営業数字に対するコミット力」としたのに、❷では営業で

培った交渉力について、その経緯や発揮した場面、その成果などの詳細説明が展開されている、といったケースです。

　この証明の方を活かすのなら❶を「交渉力」にすべきですし、「コミット力」でいくなら、証明を別のものにしなければなりません。

##  不動産営業職に応募する場合

❶目標を達成する意欲、それを実現する実行力に、最も自信があります。

❷やはり営業ですから数字で厳しく評価されますし、成果を残さないと私自身の生活設計にも直接、大きく影響してきます。成果を出すために、私は人一倍行動していますし、飛び込み営業や1日何百件ものテレアポも全く苦にしません。こうした圧倒的な活動量が、有益な生きた情報を提供してくれる金融機関筋や地主筋といった、強固なネットワーク構築につながっていきました。また誰とでも仲良くなれる性格もあって、どんな相手とも良好な関係を築いて参りました。

地味ですが着実に営業成績を残してきたのは、こうした強みを最大限に活用してきたからと自負しています。

❸貴社に入社が叶いましたら、この強みを最大限に発揮し、貴社の発展のために尽力する覚悟です。

### point

・上記内容で342字、ちょうど良いボリューム。
・❶のように、修飾語を付けた「◎◎◎◎力」や、「◎◎◎◎スキル」といったフレーズがしっくりくる。
・❷定性的、定量的な表現を織り交ぜて、❶が備わっていることを証明していく。
・❸このような常套句で〆ておく。

　若手ゆえに、すごい実績のような裏付けが乏しいケースも多いでしょう。こうしたケースこそ、この例のように**行動量や性格などで裏付ける方法が有効**になります。

## それでも書きにくい人は？

経験や実績がまだ乏しい若手の場合、前項の❶「◎◎◎◎」に当てはまるフレーズが全く浮かばないという人もいるかもしれません。

この場合、下記の**スキルピラミッド**を参考にして考えていきましょう。

高

専
門
性

低

**自分の職歴と
応募職種との共通点を
探る**

❸**テクニカルスキル**
（例：豊富な商品・サービスの知識、
市場分析力、志向性把握、
データ活用等）

❷**ビジネススキル**
（ビジネスルールの知識、経験
＋マネジメント力、プレゼン能力等）

❶**ヒューマンスキル**
（明朗活発、ストレス耐性、向上心など）

**この年代であれば、
この2つは必ず
PRできる**

このようにスキルを❶**ヒューマンスキル**、❷**ビジネススキル**、❸**テクニカルスキル**の3つに分けます。

まず❶ヒューマンスキルは、仕事に活かせるパーソナリティです。たとえば、明朗活発、心身ともにタフ、思慮深くてミスしない、責任感が強いなど、ご自身の生まれ持った性格に起因する「売り」と捉えてください。根っから明る

く活発なら接客や営業で活かせるし、タフさはどの業務でも活かせます。

❷ビジネススキルは、業種・職種に関わらず、プロのビジネスパーソンとして身につけているビジネスマナーやビジネスルール、ＩＴリテラシーといったものです。新入社員はこれを全くのゼロから身につけなければなりませんが、就業経験があれば一定のスキルはちゃんと体得しています。

アラサー世代となると、これら基本のものに加え、マネジメント力、プレゼンスキル、優先順位付け、計画性、計数感覚、育成指導スキルなどを兼ね備えているはずです。

最後に❸のテクニカルスキルは、応募職種で業務を遂行する上で必須の専門知識やスキルです。

若手ゆえに❸が即座に思いつかなくても❶❷はアピールできるはずです。

たとえば、マーケティング職に応募する場合で、営業の経験があれば、顧客ニーズの把握方法やデータベースを活用した営業手法などは、マーケティング職に通じるところがあるでしょう。応募職種と自身の職務経験を照らし合わせて、共通点・類似点がないかを探ってみてください。

## OK! ❶ヒューマンスキルを自己PRにする例

「自らで道を切り拓く力」こそが、私の最大の強みです。
　学生時代にバックパッカーとして世界中を飛び回った経験がこの力の礎となっております。新卒入社した現職でも新人育成制度などが整っていない状況下でしたが、たった独りで顧客開拓の任務を担い、試行錯誤しながら着実に成果に結びつけてきました。
　ここ数年、コロナ禍の影響で顧客自体が減少し、新規飛び込み営業がNGな昨今でも、通常なら売上が落ちるはずですが、今まで築き上げてきた顧客との信頼関係とフットワークの軽さを元に、こまめにニーズを聴き出して提案を続けることで、何とか現状維持の成績を残すことができています。
　貴社でも、この強みを活かして、貴社の発展に貢献することをお約束いたします。

〔職務経歴書〕「4つのマスト項目」でサクサク書ける！

## 成功転職のツボ⑥
# 面接は対策が9割

### ❯❯「面接なし」は皆無

「書類選考さえ通過すれば面接なしで即内定」というケースは、絶対にありえません。「書類選考なし」や、「面接保証」といって必ず面接に進める求人も若手の場合はありますが、面接は必ずあります。

今はリアルで会わなくてもオンラインでできるし、最終面接もオンラインで済ませる会社もあります。

応募書類の作成ももちろん大事ですが、面接はもっと大事なのです。

### ❯❯「丸腰」では無理

今はどこもかしこも人手不足だし、将来を見すえて若手を採用したい会社は非常に多いという意味で、若手の転職には強い追い風が吹いています。

とはいえ、「飾らずありのまま自分を見てもらえば」とばかり、何の準備もせず丸腰で面接に臨み失敗する人は多いです。せっかく面接まで進み、自分をプレゼンできるチャンスなのに非常にもったいない!

### ❯❯ 面接対策

若手の採用については、ミドル世代と異なり「ポテンシャル重視」の要素が強いとはいえ、当然ながら就活時とは明らかに違います。

社会人経験が3年しかなく実績に乏しいからと、面接で学生時代の「自分が輝いたエピソード」ばかりするようでは秒殺です。

こういった勘違いを避けるためにも、面接対策は必須です。

面倒くさがってやらないか、やるか。

そこで結果が分かれます。

### ❯❯ 転職には準備が必要

かといって、「転職で人生が決まる。絶対に失敗は許されない」と気負いすぎるのもよくありません。

良い転職をするには、丸腰でもなく、ガチガチに肩に力が入りすぎるでもなく、「適切な準備」が不可欠です。

突然始まったコロナ禍で多くの会社が倒産するなど誰も予想できませんでした。いつ不測の事態が起きるかわからない時代を私たちは生きています。

求人情報は、ある日突然掲載されます。いつチャンスが転がり込んでくるかわからないわけです。それから慌てるより、日ごろから対策を積んでいる人が有利なのはお分かりでしょう。

いま仕事が順調でも、そうでなくても、今のうちから転職の準備を着々と進めておくべきだと、筆者は考えます。

# Part6

20代〜30代前半のための
転職「書類」
受かる書き方

〔自己PR書、志望動機書、その他〕

# 「会ってみたい」と思われるコツ

――心折れる人続出の「文字数の多さ」をクリアするノウハウ――

# なぜ、あえて
# 追加で書かせるのか？

## 🔸 追加書類を要求されるケースが増加中

定番の応募書類である履歴書・職務経歴書以外に、自己PR書、志望動機書、課題レポートの作成を求める企業が多くなってきています。

Webレジュメにおいても、別途この項目を設けて応募時の必須項目とするケースもよくあります。この場合、1,000文字や2,000文字を許容する入力フォームが用意されます。

定番の応募書類の中にも、自己PRや志望動機を書くスペースがありますが、あえてこれを別の書類として作成させるところに、採用人事側の目的や意図が明確に見てとれます。

## 🔸 採用人事の意図、狙いとは？

「自己PR書」は、応募者の「スキル・経験」、「強み」をもっと知りたいという意図です。**パーソナリティ重視の採用スタンスをとっている企業が多い**ということです。

一方、「志望動機書」は、当社に対してどれだけ想いがあるのかという**入社意欲、勤労意欲を評価する企業の採用スタンスの表れ**です。事前にしっかり企業研究をしないと良いものは書けません。その**調査力・分析力なども評価対象**になります。

Webフォームでの自己PR、志望動機の作成方法は説明しました。重複部分も含めて、それぞれの「書類」について、改めて説明しましょう。

## 🔸 ボリュームは？

自己PR書、志望動機書いずれも、A4サイズ1枚以内（800文字程度）で、図や表などを入れず、段落構成を意識した、きちんとした文書にします。

そのため、仕上がれば紙面版でもWeb版でも通用します。

紙面版の場合は、履歴書・職務経歴書とセットで提出します。

Web版の場合は、既述の必須項目となります。

## 自己PR書、志望動機書のポイント

| 追加書類名 | ポイント |
|---|---|
| 自己PR書 | ・出題企業は人柄、パーソナリティを重視する傾向がある。<br>・定番の応募書類では見せられなかった自身の魅力や強み、実力を詳細に語るチャンス。<br>・若手なので、ポテンシャルをPRする絶好の機会。<br>・職務経歴書の「自己PR」と重複するが、丸ごと転記ではもったいない。<br>・特段指定がなければ800文字を目標に。 |
| 志望動機書 | ・出題企業は志望度、入社熱意を重視する傾向がある。<br>・企業研究の成果を発揮できる場所。しっかり取り組めばライバル達に差をつけることができる。<br>・なぜ応募先企業の応募職種に就きたいのか、明瞭に熱意をもって記述しないと、浮ついた感のある内容になる。<br>・社名を置き換えると成り立つような汎用的で抽象的な志望動機書は絶対にNG。そこでしか通用しないオリジナリティが求められる。<br>・特段指定がなければ800文字を目標に。 |

# 〔自己PR書①〕
# 「売り」を焦ると危険!

## 🎣「相手の目線を意識する」が最重要!

どちらの書類も作成の一番のポイントは、自分目線ではなく、応募先を徹底的に意識して、応募先に合わせていくことです。

特に引き出しが少ない若手にとって、この「相手に合わせる」というのはけっこう難しく、つい自分目線で書いてしまいがちです。

たとえば自己PRの場合。「第2新卒」歓迎の求人情報の中に、下記のような記述があったとしましょう。

---

<必須>
・高卒以上
・基本的なPCスキル(WordやExcelの文字入力ができればOK)

<こんな方を歓迎します(1つでも当てはまればOK)>
・自分の時間を大切にできる職場で働きたい
・周囲との協調性を大切にできる
・新しいことを受け入れられる
・業務指示、命令を素直に聞くことができる
・細かいデータを扱うのが得意である

---

必須要件はもちろんのこと、歓迎要件も確認して、これらに合致している点をアピールしていきます。もちろん、合致しない要件もあるかもしれませんが、**歓迎要件であれば満たしていなくても気にしなくて大丈夫です。**

合致している要件にフォーカスし、自身がいかに合っているかを証明していくのが大事です。この例で言えば、最初の「自分の時間を大切にできる職場で働きたい」というのは、スキルや経験ではありませんから、ここにボリュームを割いても効果的ではありません。

一方、残りの４つうち、前の３つは既述の「ヒューマンスキル」、最後は「ビジネススキル」に該当しますから、ここを軸に展開していきます。

　こうした「第２新卒」歓迎の求人だと、今までの職歴などほとんど関係しない話になります。

## ⚙ 昇進が早い人ほど要注意！

　一方、たとえばアラサー世代で昇進も早い人に、「若いうちからマネジャーになったため部下のマネジメント経験が豊富。この点については同世代には負けない自信がある」というセールスポイントを持っている人がいたとします。その人が、下記の求人情報を掲げている企業に応募する場合を考えてみましょう。

---

<入社後の流れ>
まずプレイヤーとして営業活動を行い、当社の注文住宅営業の流れを知るところからスタートします。営業所長として必要な経験を積んでいただきますが、自分の売上ももちろん大事です。

<営業所長に昇格した後にお任せする仕事>
プレイングマネジャーとして、自分の目標数字・売上の達成に加えて、展示場スタッフ（5名）のマネジメント、新人営業や後輩営業の人材育成をお任せします。

---

　たしかにこの会社では、上記のように「プレイングマネジャー職」の募集をしています。しかし、入社直後はマネジメントよりもプレイヤーの比重の方が高いと読み取れます。この場合、マネジメント経験を元にしたセールスポイントを前面に出しても、応募先にうまく適合していないことになります。

　求人情報を精読し、「応募先にきちんとマッチさせて書く」ことを徹底するとは、こういうことです。**自分の「売り」ありきで精読を怠ると危険です。**

## 「3点自己PR作成法」でボリューム対策を

　自己PR書はA4サイズ1枚分、800文字近くのボリュームが要求されます。
そこで著者は、PRを3つ挙げる「**3点自己PR作成法**」を推奨します。

　まず基本知識として、こういった文書は「**起承転結**」ではなく「**結論ありき**」
で書くのがセオリーです。短時間で主訴を伝えるプレゼン手法の「**PREP法**
（**P=Point：結論、R=Reason：理由、E＝Example：例、P=Point：まとめ
の順で説明する手法**）」にならって書いていきます。

　実例は、5段落構成です。最初に結論、2，3，4段落で理由と説明、最後に
結論（まとめ）という、PREP法に沿った構成です。

　1段落目で、応募先企業で活かせるであろう「3つのPR」を選択し、結論と
して前面に出します。

　2、3、4段落目に、エピソード等を用いて、それぞれのPRが備わっている
ことを裏付けます。ここで**エピソード等を増減すれば、全体のボリュームをコ
ントロールできます。**

　最後の段落で、そのPRと応募先企業の適合性を述べつつ、入社後の貢献を
高らかに宣言するなどして総括します。

　こうして「PREP法」を用いて構成を分割し、1段落を150〜250文字程
度にまとめて、順番どおりに組み上げていくことで、このボリュームで効率よ
くまとめることができます。

　なお参考までに、次頁の実例はスペースを含めて約850文字あります。既
存の自己PR作成法ではなかなか字数を埋めきれないのが一目瞭然だと思い
ます。

# 自己ＰＲ書

島谷　将一

　新卒から現在までの約10年間に培った、次の３つが私のＰＲポイントです。1つ目は顧客管理・顧客分析に基づいたデータベースマーケティングスキル、2つ目はお客様との良好な関係構築力、3つ目は高いプロ意識があることです。以下、それぞれについて説明します。

　1つ目の顧客管理・顧客分析に基づいたデータベースマーケティングスキルについて。私は新卒入社した広告代理店勤務時代に、ノートに見込み客の広告掲載内容を詳細に書き留め、アプローチするタイミングをスケジュール化するなど、経験や勘に頼らない営業手法を実践していました。現在は独自に編み出したExcel分析シートを活用するなどし、より科学的な営業手法で着実に営業数字を残せています。

　2つ目のお客様との良好な関係構築力について。常に相手の立場に立って物事を考えるよう心がけ、一方通行にならないよう「傾聴」を意識しております。新卒入社時から現在までの新築マンションの販売業務ですが、お客様にとっては一生に何度もない買い物ですから、きちんとメリット・デメリットを伝えることで、信頼を得てきました。この取り組みにより、お客様からの紹介がうなぎ登りに増えている点は、私の誇りの１つです。

　最後の、プロ意識が高いことについて。営業職は数字を上げないと価値はありません。目標数字を達成するのは当然で、どれだけ積み上げできるかが重要と考えています。そのためなら、つらいテレアポや企業訪問などの新規開拓も苦にせず、質・量とも他を凌駕するペースで営業活動を進めることができます。このプロ意識は私の最も誇るべき点です。

　顧客に対して細やかかつ時間をかけて丁寧に製品を売っていく貴社の営業職では、これらの強みが最大限に活かせると考え、今回応募した次第です。
　貴社への入社が叶いましたら、最短で即戦力となり、貴社の発展の一翼を担いたいと思っております。

以上

# 〔志望動機書〕
# 「4つの階層」で

## ⚡ 応募先に焦点を合わせないと「冷やかし」に

志望動機も、自己PR書と同じです。会社名を差し替えたら通用する志望動機は、当然NGです。

たくさん応募書類を作成していていちいち記憶していられなくなったのか、他の同業企業に以前出したものを引っ張り出して、社名と内容をチョコチョコ改変しただけでは、まさしく「冷やかし応募」、「とりあえず応募」と見なされます。

追加書類を求められた時点で「や〜めた」と降りる人が多いのは事実です。しかし、降りないからといって、出せばいいというものではありません。

代表的な追加書類である「自己PR書」「志望動機書」、両方とも「応募先にきちんとマッチさせて書く」ということを絶対に忘れないでください。

## ⚡ 「4つの階層」で書ける！

ここも自己PR書と同じく、A4サイズ1枚、800文字前後のボリュームが求められます。

おさらいしていきましょう。ここでは4つの階層、つまり

> ❶その業界の志望理由
> ➡❷その応募先企業の志望理由
> ➡❸その応募職種の志望理由
> ➡❹そこで貢献できる点

を意識して作成します。

たとえば、同業種・同職種への応募なら、❶と❸については、長々と説明する必要はありません。「今まで培った経験・スキルを活かせるため」といった旨

を書いておけば大丈夫です。

それよりも、❷「なぜ応募先企業でなければならないのか」、そして❹応募者ならではの「入社してどのような貢献ができるのか」を重点的に説明します。

## 🌀 実例で解説

ここも次頁の実例を用いて説明しましょう。

このケースの場合、同じ不動産業界なので、同業種です。

そして、営業からその管理業務へキャリアチェンジになります。

そうすると、❶は同じなのでそこそこにして、❷その応募先企業の志望理由、❸その応募職種の志望理由、❹そこで貢献できる点の3つに絞って書いていきます。

実例では、（1）で、採用人事が懸念するキャリアチェンジの理由を先に述べ、❸を説明しています。

そして（2）で、一部ながら担当した応募職種の業務内容や取り組み姿勢を、（3）で自分の売りである3つの自己PRを語ることで、「❹そこで貢献できる点」を説明しています。

最後に（4）で、応募先企業の事業ダイナミズムやグローバルブランド企業の魅力、入社後にやってみたいことを語り、「❷その応募先企業の志望理由」につなげています。

このように、順番は多少前後しても、常に「4つの階層」を意識して書けば、採用人事に刺さる志望動機書を作成することができます。

なお、ここも参考までに、次頁の実例は、スペースを含めて約840文字です。

〔自己PR書、志望動機書、その他〕「会ってみたい」と思われるコツ

# 志望動機書

増田　翔太

（1）最初に、不動産営業から不動産管理にキャリアチェンジする動機について。私は約8年9カ月の間、不動産営業を中心に本業界で働き、営業数字を残してきた自負がありますが、これからは、いわゆる「売りっぱなし」ではなく、現保有不動産の付加価値を向上させることこそ重要という結論に至りました。

（2）現職のマイホームグループは、規模が大きくないため、営業の他、管理業務も一部担当しておりました。私が受託し専任募集しているマンションは30棟450戸あり、これらを合理的・効率的に管理しています。この管理業務では、オーナー様との関係を最も重視しました。特にオーナー様が一番気にされる空室対策、具体的には空室を埋める創意工夫を提案・実行をし、きちんと空室を埋めることで、オーナー様からの信頼信用を得、新規紹介や他の物件管理もいただけるようになりました。

（3）今回の求人情報に、私のこれらの経験がベストマッチしていると考え、応募させていただいた次第です。私は、貴社で活かせる力は3つあると考えています。不動産業界の最前線で培った企画・提案力、信頼関係構築力、ならびに実行力です。特に管理業務においては、様々な提案を行うのも大切ですが、一方で提案を着実に実現することがもっとも重要だと実感しております。

（4）現職では環境にも恵まれ営業所長代理に昇格させていただき大変感謝しておりますが、やはり地元密着の会社では成長性や将来性に限界があります。今、レジデンスの新規開発を積極的に展開する貴社で、そのダイナミズムとスピード感を体感しながら管理業務に専任したいと考え、また「四菱」というブランド力にも計り知れない魅力を感じています。

　貴社入社後は「四菱」ブランドの信頼力を最大限に活かしながら、これを絶対に汚すことのないよう、今まで培ってきた不動産ビジネススキルをベースに、オーナー様に最適な提案ができるよう自己研鑽に励みたいと思います。

以上

# UP! 5 〔メール〕差がつくポイント

## ♪ ビジネスで使っているやり方でOK

履歴書や職務経歴書といった定番の応募書類や、自己PR書、志望動機書といった追加の応募書類以外にも、書き方に工夫が必要だったり、注意しなければならなかったりする「**その他**」があります。

これも手を抜くことができません。

その代表格としてメールがあります。応募先企業と直接やり取りをするさい使われます。

---

❶ **メールを使って応募する（もしくは応募書類を送付する）**
❷ **求人情報に対する問い合わせをする**
❸ **公開求人が出ていない場合へのアプローチ**

---

という3つが典型パターンと言えます。

❶は、企業が指定するメールアドレスに、履歴書や職務経歴書を添付し送るように指示されるので粛々と進めるだけです（実例B参照）。

❷❸は、いきなり企業の採用人事に電話をするのはハードルが高いので、メールの活用が有効と言えます。

メールは社会人なら誰もが経験しているし、転職活動において企業にアプローチするからといって、特殊なテクニックなどはありません。基本的に今までのビジネスで経験したとおり、普通にメールを書いて送ればいいだけのことです（❷については実例A参照）。

なお、❸だけ補足説明します。

　求人情報が公開されていない企業に対して、何とか応募してみたいという
ケースがあるでしょう。

　この場合、

---

**貴社で働きたい強い思いがあります。貴社で貢献できるセールスポイントもあ
ります。応募書類だけでも送らせてくださいませんか？**

---

　といった内容を、企業の採用情報のメールアドレスに送るのが定石です。

　このアドレスの掲載がなく、採用窓口専用の「お問い合わせメールフォー
ム」が設置されているケースも今は多いので、これを使って同じように書き
ます。

　いずれにせよ、この❸のケースは、そもそも「駄目もと」ですから、躊躇せ
ず迅速に行動に移すことが最も大事です。

## 応募に関する問い合わせメール（実例A）

| 宛先 | saiyo-team@mandn-japan.co.jp |
|------|------------------------------|
| 件名 | ❶＜お問い合わせ＞「管理部管理職候補職」への応募について |
| | エムアンドエヌ株式会社<br>人事部　中途採用担当様<br><br>❷突然のメール失礼いたします。<br>私、関口蓮司と申します。<br><br>この度、Indeedにて貴社求人を拝見し、ぜひ応募させていただきたいと考えております。応募にあたって1点ご質問があり、確認したくメールを送らせていただいた次第です。<br><br>今回の求人情報の必要条件の中に、<br>「総務・人事経験3年以上」とありますが、私はまだトータルで2年半しかありません。このような私でも応募可能でしょうか？<br><br>❸ もちろん、2年半とはいえども、培ってきた経験やスキルには自信を持っており、本職で貴社の発展に貢献したいという気持ちが強いため、ご返信をいただければ幸いです。<br><br>❹関口蓮司（せきぐち　れんじ）　26歳<br>埼玉県蓮田市蓮田X-X-X ハイツ蓮田XXX号<br>電話：090-XXXX-XXXX　メールアドレス：renji0718@ 〜 |

### point

❶＜ ＞を用いるなどし、件名は見やすく工夫を。

❷「拝啓　残暑の候、〜」と長い言い回しを使わなくてもかまわない。

❸PRするのであれば、さりげなく。くどいのはマイナス。

❹個人情報は端的にわかりやすく。必要事項だけ書く。

**OK!** ## 応募する際のメール（実例B）

| 宛先 | jinji@t-bussiness.co.jp |
|------|------------------------|
| 件名 | ＜応募＞「営業職候補」への応募について |
| | 高田商会株式会社<br>人事部　キャリア採用担当様<br><br>突然のメール失礼いたします。堺浩紀と申します。<br><br>この度、貴社ホームページの採用情報にて貴社求人を拝見し、自身の経験やスキルとベストマッチングしていると考え、応募させていただきます。<br><br>私は約6年間、営業一筋でキャリアを積んで参りました。特に今回の必須要件である顧客折衝業務の経験を十二分に兼ね備えております。<br><br>つきましては、本メールに添付いたしました履歴書、職務経歴書をお読みいただき、ぜひ面接の機会を賜りますよう、お願い申し上げます。<br><br>なお添付ファイルは2つで、ファイル名は下記になります。<br>履歴書（堺浩紀）.pdf<br>職務経歴書（堺浩紀）.pdf<br><br>以上よろしくお願い申し上げます。<br><br>堺　浩紀（さかい　ひろき）<br>横浜市青葉区美しが丘たまプラーザX-X-X メゾン・たまプラーザXXX号<br>電話：090-XXXX-XXXX　Eメール：hiroki-sakai7@〜 |

**point** ........................................

・どの求人媒体を見て応募したのか、経緯を書いておく。

・添付ファイルをきちんと見てもらえるように、端的にキーワードを散りばめてPRしておく。

・添付漏れがないように、何を添付したのか、明確に伝えることが大事。

........................................

〔添え状〕
ネガティブ要素を打ち返す

## 🌀 採用人事が必ず最初に目を通す

　添え状（カバーレター）は、応募書類の郵送時に必ず一緒に付ける書類です。今はWeb上で応募書類を送信するのが主流ですが、郵送自体はなくなったわけではないので、必要なシーンも出てきます。

　**添え状は単なる「送り状」ではありません。「ネガティブ要素」の打ち返しに使える絶好のスペースです。**

　なお、職務経歴書の「特記事項」のように、他の応募書類でもこの「打ち返し」はできますが、添え状は採用人事が最初に目にする書類であることを思い出してください。

　たとえば履歴書や職務経歴書をじっくり読まないと、そのネガティブ要素を背負った理由がわからないような場合、そもそもそこまで辿り着かず（読まれず）落選という危険性もあります。

　だからこそ、**採用人事が必ず目を通す「最初の書類」で訴えておく必要があるのです。**

　また、「ネガティブ要素」がない場合は、簡単な職務経歴や自己ＰＲ、志望動機を述べておけば良いです。クドクド、ダラダラと書き過ぎないようにしてください。

　添え状の作成については、**オリジナリティやテクニックは一切不要です。定型に沿って粛々と作成するのがベストです。**

　要は定型に従って、ここはコンパクトにまとめておけばいいのです。

　作成形式は、Ａ４サイズ1枚以内にまとめて、パソコンで作成しておけばＯＫです。

2024年3月15日

株式会社安田鉄筋工業
管理部　人事経理課
採用ご担当者様

〒330-0801 埼玉県さいたま市大宮区土手町XX-XX
電話：090-XXXX-XXXX
E-mail:kazu-mikuni22@ ～
三国　和之(みくに　かずゆき)

## 企画提案営業職への応募の件

❶拝啓　貴社ますますご清祥のこととお喜び申し上げます。
　さて、この度「ジョブ転職」にて、貴社の求人情報を拝見し、さっそく応募させていただいた次第です。

❷私は約5年間、営業一筋でキャリアを積んで参りました。今までに培った経験・スキルを存分に発揮し、最短で貴社の職場環境に適応して、即戦力として貴社の発展に寄与したいと考えます。貴社で働きたい気持ちは誰にも負けません。

　つきましては、応募書類をご一読頂きまして、ぜひご面接の機会を賜りますよう、よろしくお願い申し上げます。

敬具

記

❸応募書類
　　履歴書　　　　　1通
　　職務経歴書　　　1通

以上

## 👉 point

❶ 添え状に独自性は要らない。ビジネス文書にならった基本的な書き方を遵守する。

❷ 3行くらいで職歴や志望動機を盛り込むと、バランスが良い。

❸「送り状」の役割として郵送物の内容を明記し、一目でわかるようにしておくことも大切。

2023年12月1日

株式会社フードカンパニー
業務部　人事課　中途採用担当
山下様

〒330-0846 埼玉県さいたま市大宮区大門町 XX-XX
電話：090-XXXX-XXXX
E-mail:sugisawa2000@ 〜
杉澤　靖子（すぎさわ　やすこ）

**営業企画マネジャー候補への応募の件**

　拝啓　貴社ますますご清祥のこととお喜び申し上げます。
さて、このたび「転職ナビ」にて貴社の求人情報を拝見し、さっそく応募させていただいた
次第です。

　私は約7年間、外食チェーン会社でキャリアを積んで参りました。特に営業企画の経験に
ついては2015年9月から前職退職まで従事しており、貴社入社後は即戦力として活躍で
きると自負しております。

❶ なお、前職退職から現在まで約1年ブランクがありますが、父親の介護に専念しており
ました。現在は全日制の介護施設に入居できましたので、貴社での就労上、一切問題がない
ことを申し添えておきます。

　つきましては、応募書類をご一読頂きまして、ぜひご面接の機会を賜りますよう、よろし
くお願い申し上げます。

敬具

記

応募書類
履歴書　　　　　　1通
職務経歴書　　　　1通

以上

Part
6

（自己PR書、志望動機書、その他）「会ってみたい」と思われるコツ

 **point**

❶ 採用人事が懸念する「ブランクの理由」を、先回りしてサラっと触れておくと良
いでしょう。

2024年2月1日

株式会社ビルメンテ
キャリア採用事務局 御中

〒330-0802 埼玉県さいたま市大宮区宮町XX-XX
電話：090-XXXX-XXXX
E-mail:meimei1209@〜
上原　芽愛（うえはら　めい）

### 経理職への応募の件

　拝啓　貴社ますますご清祥のこととお喜び申し上げます。
　さて、このたび「女性の転職NEXT」にて貴社の求人情報を拝見し、さっそく応募させていただいた次第です。

　私は新卒入社以来、約9年、経理畑一筋で歩んで参りました。❶ この間、5社に転職しました。20代前半は若気の至りで転職したこともありましたが、30代以降の転職はすべて会社都合によるものになります。ただ、これも貴重な経験と前向きに捉え、これを糧にして貴社で全身全霊を込めて働く覚悟です。

　つきましては、応募書類をご一読頂きまして、ぜひご面接の機会を賜りますよう、よろしくお願い申し上げます。

敬具

記

応募書類
履歴書　　　　　1通
職務経歴書　　　1通

以上

point

❶ 採用人事によけいな詮索をされないように、先回りして「転職回数が多くなった理由」を述べ、その後に「入社後の決意」を語っておきます。

196

# 〔お礼状〕
# 面接後すぐ書き投函！

## 🎵 あえて手書きのハガキで出す理由

　社会人経験をそこそこ積んだアラサー世代なら、贈り物をいただいたときなど、お礼状を書いた経験があるでしょう。

　お世話になったり、サービスを受けたことに対してお礼を伝えるのと同様、面接対応をしていただいたことに対して、お礼をこの「お礼状（ハガキ）」を郵送することで伝えるのです。そもそも、ビジネスシーンでお礼状を送ることは何ら失礼には当たらないし、きちんとしたお礼状をもらって嫌な気がする人はいません。だからこれを面接後にも応用するのです。

　作成方法についてですが、高級紙のハガキに直筆で書きます。

　官製ハガキでは凡庸で、非常に安っぽく感じます。どうせやるなら、徹底的に用紙にもこだわってください。ロフト等に行けば、高級紙で作られた、洗練されたハガキがたくさんあります。

　「それならば封書の方がいいのでは？」という人もいますが、採用人事にとっては、開封に手間がかかるし、何が入っているかわからない怖さ（不採用にしたことの逆恨みの手紙もたまに届く）もあります。

　その点、ハガキなら「開封率100パーセント」で、採用チーム内でも回覧してもらえる可能性があります。だからここは、あえてハガキなのです。

　直筆で書く理由は、PC作成でプリントアウトしたハガキでは大量応募の匂いが出てしまうからです。下手でも丁寧に気持ちを込めて書けば大丈夫です。

　最も大事なことは、**採用人事の選考評価が固まらないうちに届ける**ことです。面接でのやり取りで評価を下すのが採用選考の鉄則ですが、採用人事も人の子、このハガキで評価が好転する可能性はゼロではありません。ただし評価が固まってからでは、どうしようもない。

　だから、帰宅してから腰をすえて書くのでは遅すぎます。**面接当日までにハ**

ガキを買っておき、面接が終わったらその足ですぐカフェに入り、その場で書いてポストに投函するのです。そうすれば多くの場合、翌日か翌々日には着くでしょう。「帰ってからでいいや」、「明日書けばいいや」はNG。最近は面接後に「お礼メール」を送る人は多くなってきています。やらないよりは良いですが、ハガキに比べてインパクトは落ちます。ここは一手間かけておきましょう。

##  お礼のハガキの実例

拝啓　時下ますますご清栄のこととお喜び申し上げます。

本日は貴重なお時間を割いて面接をしていただき、誠にありがとうございました。

面接で直接お話を伺いまして、貴社で働くイメージがより一層明確に持て、ぜひ貴社で働きたいと強く思いました。

末筆ながら、貴社の今後ますますのご発展をお祈り申し上げます。

敬具

**point**

❶ 面接のお礼を伝えるのが主旨。儀礼的でかまわない。長々と書かない。

❷ 面接を経て入社意欲が固まったことをさりげなくPRするのは効果的。

❸ 選考評価が固まってから出しても無意味。文書構成上のバランスが多少崩れようと字が汚かろうと、一刻も早く出すことを優先する。

UP!
8

〔推薦状〕
人脈をフル活用

## やればがぜん差がつく

　転職市場が活性化しつつあっても、誰もが恩恵を受けられるわけではありません。ベテランよりも若手は有利とはいえ、**より処遇の良いところに転職したいなら、あらゆる手を講じないといけません。**

　その1つとして効果的なのが、「**推薦状**」の活用です。

　自身の人脈をフル活用して、大学の指導教授や前職の社長、上司である役員、取引先の部長といった「オーソリティ」に「推薦状」を書いてもらい、応募書類と一緒に郵送します。自身の実力や能力、身元が確かであることを社会的信用度の高い第三者に担保してもらうのです。身元保証書や身元保証契約書といった責任の重い書類と意味合いが違うので、頼む方も頼まれる方も比較的取り組みやすいといえます。ぜひ自分の転職活動のサポーターになってもらえるよう、オーソリティに協力を求めてみてください。

　なお当然ながら、応募先企業の採用人事に対して信用や信頼を与えられるような人を選ばなければなりません。父親や母親といった身内や遊び友達、社会的地位の低い人からの「推薦状」では逆効果になる危険性があることを理解しておいてください。

　この「推薦状」をもらってまで就職活動に臨んでいる人は実際には稀有です（筆者の経験では多くても0.03％未満でしょう。1万人中で3人未満です）。

　**採用人事としても、どこの馬の骨かもわからない人よりは、後ろ盾があって身元がはっきりしている人の方が良いに決まっています。**だから今、**リファーラル採用**（自社の社員に対して、今の求人情報の内容を解説し、その要件に合致しそうな友人や元同僚などを紹介してもらう制度）が盛んになってきているのです。

## 長々と書かず、要点に絞る

しかし、そもそもどうやったらいいか、わからない人がほとんどでしょう。

まず、そのオーソリティに作成経験があるようなら、今回作成をお願いする主旨や提出先などの情報を伝えて作成を一任します。大学教授のようなオーソリティなら、自身のゼミ生、研究生の就活用や研究機関用の推薦状の雛形を持っている方も多いです。

一方、作成方法がわからないようなら、こちらで草案をワープロ打ちで作り、オーソリティに自署＆押印してもらうのがベストです。

皆さんが一番難しく感じる推薦状の中身ですが、働きぶりや評価を証明してもらうのが主旨ですから、長々と書かずに要点のみに絞るのがポイントです。

実際の採用現場では、文面や構成よりも、オーソリティの社会的地位の高さ、ちゃんとその人が自署しているか、押印してあるかに着目します（「コネ入社」の際のコネの威力を想像すればお分かりいただけると思います）。

次頁のような実例を加工してササッと作成しても、きちんとオーソリティから推薦されていることがはっきりすれば、威力に影響はありません。

## 推薦状作成のフローチャート

| オーソリティの選定＆作成依頼 |
| --- |
| ※応募先企業の採用人事に対して、威力があるかどうかで選定 |

| オーソリティに推薦状の作成経験があるか？ |
| --- |

| ある場合 | ない場合 |
| --- | --- |
| オーソリティに主旨を説明し、応募先企業の情報を提供して、作成を一任 | 自身で草案を作成し、オーソリティに自署＆押印をお願いする。草案は次頁のような実例を真似て作成してかまわない |

ロジテック東京株式会社
人事部　人事課
採用担当者様

# 推　薦　状

　畠正則氏は、我社に約5年間在籍しておりましたが、勤務態度は真面目で、後輩社員の面倒見もよく、周りからの信頼は絶大でした。

　特筆すべきは、昨年の基幹システム入れ替えプロジェクトについてです。非常に限られた予算、人員、期間の中であるにも関わらず、彼はプロジェクトのユニット長として、如何なくリーダーシップを発揮し、メンバーや協力会社などを巻き込みながら、何とか無事、ローンチを実現できました。

　この任務後は課長代理職に昇進を果たすなど、彼の我社での活躍は十二分に満足できるものでした。

　ここに畠正則氏を推薦し、貴社での活躍を保証いたします。

　さらに詳細について必要の場合には喜んでお答えします。

株式会社ミカドロジスティックス

代表取締役　長澤　一美　㊞

〒330-0846 埼玉県さいたま市大宮区桜木町XX-XX-XX

電話：048-XXX-XXXXX

E-mail:k.nagasawa@mikado-log.com

**point** ·········································································

・上から

　作成日付

　宛先

　タイトル

　本文

　作成者（オーソリティ）情報

　という文書構成で作成する。

・冗長に書かない、余白が目立つくらいのボリュームでかまわない。

・本文には、そのオーソリティとの接点があった時期の実績や成果、働きぶりなどを書いてもらう。

・「ここに◎◎◎◎氏を推薦し、貴社での活躍を保証いたします」というように、高らかに推薦・保証してもらう。

・「さらに詳細について必要の場合には喜んでお答えします」というように、身元調査や質疑にも積極的に応じる旨を書けば、応募者に対する採用人事の信用度は一気に向上する。

・作成者情報は、できるだけ詳細に書いておくと確証性が高まり、応募先企業からもアプローチしやすくなる。

·········································································

# Epilogue

## ⚡「転職できたけどミスマッチ」を防ぐポイント

ここまでお読みくださりありがとうございます。

皆さんには、「こういう会社に入りたい！」という条件や基準があると思います。企業側にも同じように、「こういう人が欲しい」という基準、条件があります。残念ながら、面接の回数を増やす、適性検査を課すといった選考プロセスをどれだけ重ねても、ミスマッチは起こり得ます。

内定は確かにゴールですが、実際はそこからが再スタート。ミスマッチで短期退職したら今までの努力が水の泡です。どうしたら防げるでしょう？

若手の転職時のミスマッチは、大きく分けて次の３つです。

① 処遇面・待遇面のミスマッチ

② 仕事内容やキャリアビジョンのミスマッチ

③ 人間関係のミスマッチ

①は、転職したら給与はこれだけもらえるはずと予想していたのに、実際は違ったといったものが典型。

②は、仕事が予想より困難（もしくは容易）だったり、やりたいことができないというもの。

③は、「風通しが良くフラットで、意見を言いやすい社風と聞いていたし、ネットでの評判もそうだったが、威圧的な上司や先輩と働く羽目に」といったケースです。

この３つは、実は「事前に防げるもの」と「防げないもの」の２つに分かれます。「防げないもの」に労力を費やしても無意味と理解しておきましょう。

**事前に防げるもの……①処遇面・待遇面のミスマッチ**

**②仕事内容やキャリアビジョンのミスマッチ**

**事前に防げないもの…③人間関係のミスマッチ**

①の対策は、内定出しの前後に、たとえば求人情報と違う労働条件を提示された場合、**きちんと企業側と話し合う**ことです。

求人情報の給与額に幅があったり（「月給25万円〜35万円」等）、「給与は能力と経験により応相談」、「前職を考慮」といった表記があり、「まずは25万円からのスタートでどう？」と提案された場合、A）不本意でも受け入れる、B）交渉して上げてもらう、C）蹴る、の3択のうちBをやりましょうということです。**交渉は特段問題にはなりません。**今や転職シーンでは「あるある」の一つです。

　②の対策は、1次面接時からでかまいませんが、**入社後すぐ取り組む仕事やその後任されるであろう仕事の詳細、「貴社でやりたいことができるか」を尋ねる、転職エージェントが間に入っていれば彼らにも聞いてみる**、です。

　③は対策しようがありません。超優良企業でも、「配属先は嫌な人ばかり、実は前任者も早期で辞めたと最近聞いた」といったケースは枚挙にいとまがありません。相性の合う合わないもあるので、事前に調査も測定もできません。

　ポイントは**「3年間耐えられそうか」。**その間に職場環境も変わるかもしれ**ないし、3年経てば転職活動でも著しく不利には働きません。**

## 🔸 転職をスムーズに運ぶには？

　在職中なら、意中の企業から内定を獲得できたら終わり、ではありません。現職をトラブルなくスムーズに退職することは必須です。円満退社のために、現職の就業規則の退職に関する規定をチェックしましょう。

---

（自己都合退職）
第X条　社員が自己都合により退職を会社に申し出る場合、原則として1カ月前まで、少なくとも14日前までに退職願を提出しなければならない。

---

　原則は上記のような規定に従いつつ、上司と話し合うなどして退職日を決めてください。**くれぐれも手順を踏まずに突然辞める、出社しなくなる等は絶対にしないでください。**

## 🔸 無断で持ち出すと「懲戒免職⇒内定取り消し」も

　自分がつくった資料だからと、書類やデータを会社に無断で持ち出そうとする人がいますが、絶対やめてください。就業規則の服務規定には禁止事項が

列記されていて、持ち出し厳禁としているケースが圧倒的です。違反すると厳罰を課される危険性が非常に高い。「どうせもう辞めるし、次で役立ちそうだから」と軽い気持ちでも、下手すれば損害賠償を請求されたり「刑事罰をくらって懲戒解雇となり転職先の内定も取り消し」も充分ありえます。

退職時にチェックすべき就業規則の規定は、主に以下です。

---

☑ 自己都合退職の規定（いつまでに申し出ればいいか？）
☑ 情報等の持ち出しや不正利用の禁止規定
　（具体的に何をやってはいけないのか？）
☑ 退職時の引継ぎの規定（規定があるかどうか。ある場合どうすべきか）
☑ 制裁に関する規定（禁止行為をした場合、どんなペナルティがあるか）

---

## 🎵 退職後に挨拶に行ける関係を

円満退社にあたり、まず自分の抱えている仕事をきちんと完了させましょう。最後まで責任を持ってやり遂げてください。

次に、引継ぎをきちんとやるかで、今後のあなたの評価が決まります。「辞めるんだから後のことなんて知ったこっちゃない」では、必ず悪い評価が広まります。主体的にしっかり取り組み、スムーズな引継ぎを完了させましょう。この評価が近い将来、必ず皆さんの追い風になってくれます。

最後に挨拶です。先方の仕事の妨げにならないよう配慮しながら、社内、取引先含め、お世話になった方々に礼を尽くしましょう。

もう一つ重要なのは「悪口を言わない」です。退職が決まり清々した勢いで会社や上司、同僚の悪口をＳＮＳで発信する等は絶対に慎みましょう。

円満退社のために取り組むべきことをまとめると、以下です。

---

☑ 最後まで責任を持って自分の任務を完結させる
☑ 後任者がスムーズに業務を遂行できるよう、きちんと引継ぎを完了させる
☑ お世話になった人達に、礼を尽くして挨拶する
☑ 悪口を言わない
※有給休暇を全消化したい気持ちは理解できるし法的にも何ら問題はないが、
　上記の目途が立ったら取得する「大人の対応」を推奨。

---

## ＡＩが応募書類を作成する時代に

2023年7月6日の「日本経済新聞朝刊」に、驚くべき記事が掲載されました。

某大手転職サイトが生成ＡＩで職務経歴書を自動生成する機能を開発したとのこと。最短30秒程度で350文字以上の経歴書をつくれる。試験導入時の検証では、新機能で経歴書を更新した会員は、企業からの面談の誘いが4割も多くなったようです。

4割もスカウトが増えるのならと、いま飛びつくのは早計かもしれません。

たとえば大学では、レポートや論文作成時に、生成ＡＩの使用を禁じています。文書作成能力はビジネススキルの一つで、書類選考時にそれを見極めたいと考える採用人事も多いわけです。

まずは自分の頭で考えて、作り込む。応募書類は、正しいやり方で、時間と労力をかけさえすれば、その分だけ確実に品質は向上し、面接に呼ばれる可能性が高くなります。

本書には、筆者がプロのキャリアコーチとして約20年もの間培ってきた、若手が書類選考を突破するためのノウハウを余すことなく盛り込みました。

ぜひ隅々まで何度もチェックし、フル活用していただければと思います。


最後に転職活動中、転職検討中の皆さんにメッセージです。

筆者自身、アラサーの時期に転職したのですが、これが大失敗。心身ともに不調をきたし、社会復帰が危ぶまれた時もありました。

転職活動がうまくいかない、今の仕事がつらすぎるので転職したい、といったしんどい思いは痛いほどわかります。

諦めたら試合終了です。まずは応募書類を書き上げましょう。

本書が書類選考に悩む若手の皆さんの一助となることを願ってやみません。


中谷充宏

◎著者紹介

## 中谷充宏 （なかや・みつひろ）

就活・転職のパーソナルキャリアコーチ。

キャリアカウンセラー（キャリアコンサルタント）。社会保険労務士。行政書士。

同志社大学法学部卒。新卒入社したＮＴＴ（日本電信電話株式会社）、ＮＴＴコムウェアでリクルーターを務めた後、転職（1社）を経て平成16年に職務経歴書の作成代行をメイン業務とするキャリアカウンセラーとして独立。

無料で行う人材紹介会社や行政機関等と異なり、依頼者が直接報酬を支払う「クライアント課金型方式」によるマンツーマンの転職サポートを行う。そのため依頼者から非常に高いレベルを求められるが、理由を問わず結果に不満な場合に全額を返金する保証制度を起業時から導入、19年を経過した現時点で返金事例はたった1件という満足度の高い支援を実現している（現在は廃止）。

東大や慶應義塾大卒の一流企業社員、米国ＭＢＡホルダー、公認会計士、大学教授、フランス人ＣＥＯといったエグゼクティブ層から、大学生、高校生、ニート・フリーターまで幅広いクライアントの就職・転職を支援している。大連（中国）、香港、シンガポール、ボストン、ロンドン、南スーダンなど、海外からのオファーにも対応。複数の大学のキャリアセンターに所属し、多くの大学生の就活支援の実績もあり。

また、社会保険労務士として、採用コンサルティングの経験も豊富。人事部長として企業人事を一任されるケースも多数。生々しい採用現場や面接シーンにも数多く立ち合い、企業側が応募者に何を求めているのか（何は求めていないのか）を熟知。

人材を送り出す側と受け入れる側の両面を知り尽くした、日本では数少ない就活＆転職の「パーソナルキャリアコーチ」であり、ＮＨＫや読売新聞、リクルートの転職媒体での転職関連の取材、「マイナビ転職」で激辛面接官を務めるなど、マスコミ掲載実績も数多い。

著書に『20代～30代前半のための転職「面接」受かる答え方』、『30代後半～40代のための 転職「書類」受かる書き方』、『30代後半～40代のための 転職「面接」受かる答え方』（秀和システム）などがある。

◎Ｍ＆Ｎコンサルティング　https://mandnconsulting.com/

207

●装丁　喜来詩織（エントツ）

# 20代〜30代前半のための
# 転職「書類」受かる書き方

| 発行日 | 2023年 9月10日 | 第1版第1刷 |

著　者　中谷　充宏（なかや みつひろ）

発行者　斉藤　和邦

発行所　株式会社　秀和システム
〒135-0016
東京都江東区東陽2-4-2　新宮ビル2F
Tel 03-6264-3105（販売）Fax 03-6264-3094

印刷所　三松堂印刷株式会社　　　Printed in Japan

ISBN978-4-7980-7092-6 C0030